Luther und Melanchthon schätzten die Bedeutung der Fabel für Kinder, aber auch für Erwachsene, besonders hoch ein: Sie fördere die Charaktererziehung, schärfe das Urteilsvermögen und diene dem Verständnis der Heiligen Schrift. So ist es nicht verwunderlich, daß sich in Luthers Schriften und Reden zahlreiche Fabeln und parabolische Aussagen finden sowie viele Sprichwörter, in denen er mit seiner bildhaften Sprache die darin enthaltene Lebenserfahrung weiterzugeben beabsichtigt. Zudem stellte er eine Sammlung von fast 500 Sprichwörtern zusammen und brachte ein Fabelbuch heraus. Luthers Fabeln erschienen erstmals 1557 im fünften Band der Jenaer Luther-Ausgabe. Seine Fabeln und Sprichwörter sind gedacht für Kinder und »jedermann wes Standes er auch ist«, geschrieben in einer verständlichen und anschaulichen Sprache. Er nennt aber auch als Leser die Fürsten und hohen Herrn – die politische Bedeutung der Fabel hatte er schon früh erkannt und hervorgehoben.

Die vorliegende Auswahl besteht aus der Äsop-Bearbeitung mit allen Druck- und handschriftlichen Fassungen, Luthers Übersetzung alttestamentlicher Fabeln, Luthers eigenen Fabeln aus den Schriften und Tischreden und der vollständigen Sprichwortsammlung. Eine Einleitung, ein Anhang über Luthers Theorie und Urteile über die Fabel, ein ausführlicher Kommentar mit Quellenverzeichnis und Literaturhinweisen machen die Ausgabe auch zu einem wichtigen Nachschlagewerk.

Martin Luthers
Fabeln und Sprichwörter

Martin Luthers Fabeln und Sprichwörter

Mit zahlreichen Abbildungen und Holzschnitten aus der Werkstatt von Lukas Cranach

Mit Einleitung und Kommentar
herausgegeben
von Reinhard Dithmar

für anneli zum 6. 11. 88

Die erste Auflage ist 1989 beim Insel Verlag als insel taschenbuch 1094 erschienen.

Umschlaggestaltung: Finken & Bumiller, Stuttgart

Die Deutsche Nationalbibliothek verzeichnet diese Publikation in der Deutschen Nationalbibliografie; detaillierte bibliografische Daten sind im Internet über http://dnb.d-nb.de abrufbar.

3., gegenüber der 2. unveränderte Auflage 2010

2., korrigierte Auflage 1995
Die Herausgabe des Werkes wurde durch die Vereinsmitglieder der WBG ermöglicht.
Gedruckt auf säurefreiem und alterungsbeständigem Papier
Printed in Germany

ISBN 978-3-534-23152-2

Inhalt

Luthers Fabeln

Aus Luthers Tischreden

Vorwort

Die Editionen der Fabeln Luthers von Ernst Thiele (1888,[2]1911) und Willi Steinberg (1961) sind schon lange vergriffen und inzwischen auch veraltet und wissenschaftlich überholt. Eine Edition, die Luthers Fabeln und Sprichwörter in einem Band enthält, hat es bisher noch nicht gegeben, obwohl die vergleichende Lektüre ebenso spannend wie für das richtige Verständnis von Luthers Äsop-Bearbeitung wesentlich ist. Die Literaturwissenschaftler haben ihr Augenmerk zu eng auf diesen Teil, die in wenigen Wochen entstandenen dreizehn Texte gerichtet und das Fragment zur Grundlage für pauschale Urteile gemacht, die verfehlt sind angesichts der Tatsache, daß sich Luther zeitlebens mit der Fabel und dem Fabelfragment beschäftigt hat. Die Theologen haben diesen Bereich des Reformators ausgespart, obwohl Luther in seinen Schriften und Reden ständig Fabelmotive erwähnt und auch seine Predigten durch Fabeln veranschaulicht.

Für die vorliegende Edition habe ich das Gesamtwerk Luthers auf Fabeln und fabelartige Texte ebenso wie auf Luthers Urteil über die äsopische Fabel durchgesehen und die meines Ermessens wichtigsten ausgewählt.

Martin Luther schreibt und spricht in der zu seiner Zeit üblichen deutsch-lateinischen Mischung, die dem modernen Leser die Lektüre erschwert. Auf Wunsch des Verlags habe ich deshalb die lateinischen Textpassagen übersetzt und als Anmerkung notiert.

Die Holzschnitte zu einzelnen Fabeln und zur Vita Esopi aus dem Ulmer Aesop und die Illustrationen aus der Werkstatt von Lukas Cranach wurden so ausgewählt, daß sie nicht nur dem Schmuck dieses Bandes, sondern auch dem Verständnis der Texte dienen.

Einleitung

I.

»Nicht nur Lutherus und sein Sohn Johannes sind Fabul-Hansen gewesen / sondern auch Philippus Melanchthon, der Hochgelahrte Mann / welchen auch seine ärgsten Freinde in und ausser Teutschland / seiner Philosophischen Wissenschaft halben geliebet und gelobet haben.« (Schupp 1663, S. 846)

So konnte Anton Menon Schupp ein Jahrhundert später schreiben, um seinen Vater gegen die evangelischen Verächter der Fabel zu verteidigen.

Der praeceptor Germaniae schätzt die Bedeutung der Fabel für den Unterricht so hoch ein wie Luther und drängt ihn zur weiteren Arbeit auf diesem Gebiet. In seiner Schrift ›De utilitate fabularum‹ (1526) und später in der Vorrede zu der von Joachim Camerarius 1550 herausgegebenen Sammlung »Fabellae Aesopicae quaedam notiores et in scholis usitatae« räumt er der Fabel eine besondere Stelle ein. In den Schulordnungen von Eisleben und Herzfeld nennt Melanchthon drei Gründe für die Behandlung der Fabel im Unterricht. Sie fördert die Charaktererziehung, schärft das Urteilsvermögen des Schülers und dient dem Verständnis der Heiligen Schrift.

Martin Luther lernte den Äsop bereits während seiner Schulzeit kennen, als er nach den Disticha moralia des Cato die äsopischen Fabeln auswendig lernen mußte, und schätzt ihn zeitlebens. Daß sich die Schriften des Cato und Äsop in den Schulen erhalten haben, hat Luther später in seiner Aesopi commendatio als Gottes Vorsehung bezeichnet und diese Schriften nicht nur ihres ethischen Gehaltes wegen als die besten Bücher nach der Bibel gepriesen.

Die Reformation übernimmt von der spätmittelalterlichen

Schule die Organisation der Trivialschule in ihren Grundzügen. Im »Unterricht der Visitatoren« (1528), von Melanchthon verfaßt und von Luther mit einer Vorrede versehen, finden wir ebenfalls eine Aufteilung der Schüler in drei Leistungsgruppen. Dem zweiten der drei »hauffen«, der mittleren Gruppe mit Schülern, die bereits lesen und schreiben können und die ars minor des Donatus, die im Mittelalter viel benutzte Elementargrammatik gelesen haben, »sol der schulmeister (...) auslegen die fabulas Esopi erstlich«. Am nächsten Tag »sollen die kinder den Esopum widder exponiren. Dabey sol der Preceptor etliche nomina und verba decliniren, nach gelegenheit der kinder, viel odder wenig, leichte odder schwere, und fragen auch die kinder, regel und ursach solcher declination.« (WA 26,237f.)

II.

Im April 1530 reist Kurfürst Johann von Sachsen nach Augsburg. Auf den wichtigsten Mann in seinem namhaften Gefolge muß er bei dem Reichstag verzichten, da Luther wegen der über ihn verhängten Reichsacht die Landesgrenze nicht überschreiten durfte. Der Kurfürst will ihn möglichst nahe haben; deshalb setzt er ihn an seiner Landesgrenze auf der Feste Coburg ab.

Am ersten Tag nach der nächtlichen Ankunft schreibt Luther an Melanchthon: »Pervenimus tandem in nostrum Sinai, charissime Philippe, sed faciemus Sion ex ista Sinai, aedificabimusque ibi tria tabernacula, Psalterio unum, Prophetis unum, et Aesopo unum. Sed hoc temporale.« (WA Br 5,285)

(Endlich sind wir auf unserem Sinai angekommen, lieber Philippus, aber wir werden einen Zion aus diesem Sinai machen, und wir werden dort drei Hütten bauen, eine für den Psalter, eine für die Propheten und eine für Äsop. Aber diese ist zeitlich.)

1 *Lukas Cranach d. Ä., Luther und Melanchthon. 1532*

Unter Anspielung auf Matthäus 17,4 (Petrus will drei Hütten bauen, eine für Jesus, eine für Mose und eine für Elia) entwikkelt Luther in diesem Brief vom 24. April sein Arbeitsprogramm. Neben der Prophetenübersetzung plant er eine Auslegung des ganzen Psalters. Über den dritten Programmpunkt schreibt er am 8. Mai an Wenzelaus Link: »Aesopi quoque fabulas pro puerili et rudi vulgo proposui adornare, ut utilitatem aliquam Germanis afferant.« (WA 5,309)

(Ich habe mir vorgenommen, auch die Fabeln des Äsop für das jugendliche und ungebildete Volk zu bearbeiten, damit sie den Deutschen zu einigem Nutzen dienen.)

Martin Luther blieb vom 23. April bis zum 4. Oktober 1530 auf der Coburg. Am Äsop gearbeitet hat er jedoch vermutlich nur die ersten Wochen. Letztmalig erwähnt er ihn in einem Brief an Melanchthon vom 12. Mai (WA Br 5,316), in dem er zugleich seinen schlechten Gesundheitszustand beklagt.

Es war keine Freizeitbeschäftigung zur Entspannung von den religiösen und politischen Kämpfen seiner Zeit, wie man immer noch lesen kann und wie es bereits der erbauliche Lutherbiograf Mathesius seiner Gemeinde darstellte.

Denn als vnser Doctor nun vil jar / wie jr gehört / wider die Münch vnnd Schwermer hefftig gestritten / vnd sich mit predigen vnd dolmetschung inn der heyligen Bibel abgearbeyt / vnnd sehr ein schwaches heuptlein bekam / wie er auß Coburg schreibet / da er sich diser arbeyt vnterfienge / will er sich auch / wie grosse leut pflegen / ein wenig erquicken vnd erlustern / Drumb weyl er mercket / das der heylig Geyst inn seiner Bibel auch vernünfftige vnd weyse mehrlein schreiben lesset / vnnd die alten gerne solche verdeckte vnd vermentelte warheyt vnd weyßheit mit Thierleins heutlein vnnd sprüchen vberzogen / vnnd weyse leut ein eygen fabel buch / mit grosser vernunfft zusammen gebracht / welches nun durch grobe vnd vnuerstendige leute / mit vngeschickten vnd vnzüchtigen reden vnd mehrlein vermenget vnd besudelt were / Nimmet er zu Coburg gelegenheyt / nach essens den alten Deutschen Esopum für sich / vnd reiniget vnd schmücket jn mit guten vnd derben Deutschen worten / vnnd schönen außlegung oder sitlichen lehren / vnd machet 16. schöner Fabel / die steck voller weißheyt / guter lehr / vnnd höflicher vermanung sein / vnnd wunder schöne bilder vnnd contrafecturn haben / *de casibus mundi*, wie es inn der Welt / inn Regimenten vnd Haußwesen / auff erden pfleget zuzugehen. (S. 138 f.)

Luther hatte – wie die Handschriften und ihre Überarbeitungen zeigen – erhebliche Mühe beim Formulieren, er geriet bereits bei der ersten Fabel in einen theologischen Konflikt und versuchte bis zur siebten Fabel eine ethische Systematik, die er schließlich wie die Fortsetzung der Reinschrift aufgab.

III.

Vorlage für Luthers Fabelbuch, das nach Ansicht von Ernst Thiele mit seinen bekanntesten Werken in eine Reihe zu stellen ist, war nicht eine der griechischen oder lateinischen Sammlungen seiner Zeit, sondern die deutsche Übersetzung von Heinrich Steinhöwel. Das Werk des Ulmer Arztes wurde von Martin Luther, der es für eine Gemeinschaftsarbeit hielt und den Verfasser nicht kannte, als grundlegend gepriesen und zugleich seiner vermeintlichen Unzüchtigkeiten und zotigen Texte wegen scharf kritisiert. Ausrotten möchte Luther diesen ›Deudschen schendlichen Esopum‹ mit Texten, die von Säuen geschrieben und für das Wirtshaus und Frauenhaus geeignet seien.

Die Empfindlichkeit des Reformators gegenüber der Derbheit der ursprünglichen Fabel, wie sie Steinhöwel überliefert hat, ist erstaunlich für den, der Luthers Schriften und Tischreden in ihrer bisweilen sehr derben und bildlich-drastischen Sprache kennt, zumal der Humanist Steinhöwel betont, daß er auch im Anhang, bei den Texten von Alfonsus und Poggio, auf die sich vermutlich Luthers emotionale Kritik richtet, ausgewählt habe. Sicher denkt Luther bei seiner Kritik aber auch an einige Passagen der Vita Esopi, die Steinhöwel seinem Werk vorangestellt hat. Denn er will seinen eigenen, den gereinigten Esop durch eine Vita ergänzen. »Denn wir vleis gethan haben eitel feine, reine, nützliche Fabeln in ein Buch zubringen, dazu die Legend Esopi« (WA 50,454) – ein Plan, der hier als bereits realisiert erscheint, aber ebenfalls nicht verwirklicht wurde.

Martin Luther hat die äsopischen Fabeln nicht »*verdeudscht*«, wie es in der vom Herausgeber Georg Rörer formulierten Überschrift steht, sondern die deutsche Übersetzung Steinhöwels neu bearbeitet. Wann und in welcher Gestalt Luther den Urtext kennenlernte, ob er den griechischen Äsop kannte oder die Fabeln in der lateinischen Fassung (des

Romulus u.a.) kennenlernte, die Steinhöwel benutzte, war bisher ebenso umstritten wie die Frage, inwieweit Luther den lateinischen Text bei seiner Bearbeitung berücksichtigte, ja ob er ihm als Vorlage überhaupt zur Verfügung stand (vgl. WA 50,433 und 437, dagegen Schirokauer 1947, S. 74ff.).

Die vergleichende Textanalyse erweist, daß Luther bei seiner Bearbeitung nicht nur den lateinischen Text vor sich hatte, sondern daß er bei einzelnen Ausdrücken von Steinhöwels Übersetzung abweichend auch auf ihn zurückgriff (vgl. die Kommentare zu den Fabeln von Wolf und Lamm und von Frosch und Maus S. 199ff. und S. 201-204).

Luthers Fabeln erschienen erstmalig 1557 im fünften Band der *Jenaer Lutherausgabe* unter dem Titel

Etliche Fabeln aus Esopo / von D.M.L. verdeudscht / sampt einer schönen Vorrede / von rechtem Nutz und Brauch desselben Buchs / jederman wes Standes er auch ist / lustig und dienlich zu lesen. Anno M.D.XXX.

und ein Jahr später, ebenfalls gemeinsam mit der Vorrede, im neunten Band der *Wittenberger Lutherausgabe*, für den Philipp Melanchthon im Auftrag des Herausgebers Georg Rörer ein Vorwort, vom 16. August 1557 datiert, schrieb.

330 Jahre waren Luthers äsopische Fabeln nur in der von Georg Rörer herausgegebenen Druckfassung bekannt. Erst 1887 entdeckte Richard Reitzenstein Luthers Manuskript in der Vatikanischen Bibliothek. Es enthält (1) die erste Niederschrift aller 13 Fabeln Luthers mit Korrekturen und Nachträgen und die Fabel von Wolf und Lamm in einer zweiten, überarbeiteten und ohne Überschrift eingefügten Fassung und (2) Luthers Reinschrift, die mit der siebten Fabel endet.

Die von Luther zwischen die Fabeln Von Hund und Hündin und Von Esel und Löwe eingeschobene Anekdote von D. Mogenhofer hat Georg Rörer nicht in die Druckfassung aufgenommen, wohl weil sie ihm nicht in diesen Zusammenhang zu passen schien. Der von Martin Luther öfter erwähnte Dr. Mogenhofer (vgl. u.a. WA 49, 342) war Kanzler von Kurfürst Friedrich dem Weisen und starb 1510 in Wittenberg. Die Anekdote lautet (WA 50,446 f.):

Von D Mogenhofer

Es begegenet [eiñ mal] ein schiñder dem grossen doctor N Mogenhofer, grusset yhn vnd sprach, Gott ehre [das] hand werck, lieber freund, Der Doctor sprach wie bistŭ meines odder [ich] deines handwercks, Der Schiñder sprach, Yhr seid ein Jurist, vnd ich ein schinder So schinde [ich] todte hünde, [vnd] yhr schindet lebendige leüte

Grobe [vnuernunfftige] leute sol man verachten vnd yhn nicht antworten

Luthers Handschrift besteht aus 10 Blättern, die der Herausgeber Rörer durchnumeriert hat. In diese Edition übernommen wurde ergänzend zum vollständigen Nachdruck ein wesentlicher Ausschnitt als *Faksimile*, für dessen Reproduktion ich der Fotoabteilung der Universitätsbibliothek der FU Berlin zu danken habe. Den ersten sechs Seiten mit den sieben Fabeln von Luthers Reinschrift (Blatt 7a / 7b / 8a / 8b / 9a / 9b) folgen die weiteren Fabeln in der Manuskriptfassung (4b = Dieb / 5a = Kranich und Wolf / 5b = Hund und Hündin / 6a = Mogenhofer; Esel und Löwe / 6b = Stadtmaus und Feldmaus / 3b = Fuchs und Rabe). Die angegebenen Blattnummern zeigen, daß Luther die Fabel von Fuchs und Rabe entgegen Steinhöwels Reihenfolge bereits als achten Text bearbeitete. Auf Blatt 4a steht die Zweitfassung der Fabel von Wolf und Lamm. Auf diesen Fotografien erkennt man nicht, daß Luther mit verschiedener Tinte und Feder, also nicht in einem Zug geschrieben hat und daß er auch mit roter Tinte schrieb, die er sonst für Korrekturen benutzte.

IV.

Martin Luther hat sich selbst oft als einen *Narren* bezeichnet, beispielsweise unter Bezug auf 1. Korinther 3,18: »wer do wil weysz sein, der musz ein nar werden« (WA 6,404). Zu Beginn seiner Schrift »An den Christlichen Adel deutscher Nation« (1520) liest man: »Auch, dieweyl ich nit allein ein narr, sondern auch ein geschworner Doctor der heyligenn schrifft, byn ich fro, das sich mir die gelegenheyt gibt, meynem eyd, eben in der selben narn weysze, gnug zuthunn.« (WA 6,405) In dieser reformatorischen Kampfschrift will er »das narn spiel hynausz singen unnd sagen, szovil mein vorstand vormag« (WA 6,427). Er will zum »hoffnar« (WA 6,404) gegen Papst und Konzil werden; »gelyngt mir nit, szo hab ich doch ein vorteil, darff mir niemant eine kappenn kauffenn, noch den kamp bescheren.« (WA 6,404)

In Luthers Fabeltheorie hat die Narrenkappe eine pädagogische und eine politische Spitze, zielt einerseits auf die Erziehung der Jugend zu Kunst und Weisheit, andererseits auf die Obrigkeit.

In seinen Spekulationen über den legendären Ahnherrn der Gattung bezweifelt Luther, daß Äsop eine historische Gestalt ist, hält ihn vielmehr für eine Erfindung, um die von zahlreichen Gelehrten (wie Hesiod u. a.) nach und nach geschriebenen und dann gesammelten Fabeln bei den Kindern durch die Larve Äsop, den »Fastnachtputz« zu größerer Wirkung zu bringen.

Luther hat nicht erst in seiner Auslegung des 101. Psalms, sondern bereits fünf Jahre vorher, eben in der Vorrede zu seinem Fabelbuch, die politische Bedeutung der Fabel erkannt und hervorgehoben. Unvermittelt schärfer wird er in dieser Vorrede, sobald er nicht mehr die Jugend und das Gesinde, sondern die »grossen Fürsten und Herrn« als Adressaten benennt. Da sie die Wahrheit nicht hören wollen, selbst wenn sie ihnen von Weisen gesagt wird, muß man sie unversehens zur Wahrheit führen (»betriegen zur Warheit«), indem man sie ihnen von Narren sagen läßt. Da jedermann die Wahrheit haßt, sobald sie ihn selber betrifft, gab man ihr einen täuschenden Anstrich (»Lügenfarbe«) und schrieb Fabeln, damit durch »Bestien mund« gesagt werde, was Menschen nicht auszusprechen wagen.

Die politische Spitze von Luthers Narrenkappe wurde bisher weitgehend übersehen, obwohl sie selbst im Vorwort dieses vorwiegend für die Jugend bestimmten Fabelbuches schärfere Konturen gewinnt und engagierter dargestellt wird als die pädagogische. Hier führt die Fabel nicht mit Lust und Liebe zu Kunst und Weisheit, sondern treibt den Schweiß auf die Stirn. Hier sagt das Fabeltier dem menschlichen Raubtier, was ihm »kein Prediger, Freund noch Feind« zu sagen wagt. Hier ist der fiktive Äsop nicht mehr »Fastnachtputz«, sondern ein weiser Narr, der wegen und trotz seiner Fabeln vom Felsen gestürzt wurde.

V.

Das Werk von Martin Luther enthält neben der Äsop-Bearbeitung zahlreiche Fabeln, fabelartige Texte und parabolische Passagen und besonders viele Sprichwörter. Luther beherrschte die bildhafte Schreib- und Redeweise wie kein Zweiter und schätzte die Fabeln und Sprichwörter wegen der in ihnen enthaltenen Lebenserfahrung. Deshalb interessierte er sich so engagiert für den »Deudschen Esopum«, wie er Steinhöwels Sammlung und Übersetzung antiker Fabeln mit Recht nannte, und legte sich eine Sprichwörtersammlung an. Sie entstand vermutlich kurz nach der Äsop-Bearbeitung, jedenfalls auch 1530, mit einer ähnlichen Intention und blieb ebenfalls fragmentarisch. Sie wurde nicht nur, aber auch im Interesse der Jugend erstellt. Luther bemühte sich um eine »gereinigte« Auswahl und griff die Herausgeber zeitgenössischer Sprichwortsammlungen ihrer vermeintlichen Unzüchtigkeiten wegen ebenso an wie Heinrich Steinhöwel. Als einen »Grickel« bezeichnete er den berühmten Johann Agricola und verlangte, daß man auf wertlose und unbrauchbare Sprichwörter verzichte und auch auf solche, die nur zum Lachen reizen.

Es mag dahingestellt bleiben, ob diese Sammlung von fast fünfhundert Sprichwörtern für Luther nur ein Mittel zum Zweck war und nicht zur Veröffentlichung bestimmt, was Ernst Thiele (1900, S. XVIII und WA 51,638) zunächst vermutete und später wieder in Frage stellte. Jedenfalls findet man zahlreiche dieser Sprichwörter in den von Luther an die äsopische Fabel gefügten Epimythien wieder.

»Sed hoc temporale« hatte Luther über die äsopischen Fabeln geschrieben. Sie gehören in das weltliche Reich, in dem Gewalt über das Recht siegt und Vertrauen gefährliche Folgen hat, Freundlichkeit mit Undank belohnt und dem Bittenden nicht gegeben wird.

Eine ungewöhnliche und der Tradition widersprechende Version der Fabel von Grille und Ameise erfindet Mathesius. Die Grille bittet nicht vergebens, sondern erhält von der Ameise Nahrung. Das Ameisenreich erscheint als ein Reich des Fleißes und der Nächstenliebe. Hier beginnt die Vermischung der Reiche, mehr noch bei Nathanael Chytraeus (1543-1598), der Luthers Fabelbearbeitung fortsetzt, auf hundert Texte ergänzt und für die christliche Erziehung seiner Schüler zu nutzen versucht. Wenn Luther mit Fabelmotiven wie dem von Grille und Ameise auf biblische Texte wie das Gleichnis von den klugen und törichten Jungfrauen verweist, so dient es der sprachlich-bildlichen Veranschaulichung. Die Reiche werden nicht vermischt. Luther will mit seiner »Fabeldichtung« nicht zum »Verkünder göttlicher Normen« (Kayser 1931, S. 21) werden. Es geht ihm nicht um die »Vermittlung der Normen für ein wahrhaft christliches Verhalten gemäß den reformatorischen Lehren und Moralvorstellungen« (Rehermann/Köhler-Zülch 1982, S. 32). Mehr noch als der erbauliche Lutherbiograf Mathesius verstellt hier Chytraeus den Blick auf Luther.

Die Feststellung, daß weise Kaiser und Fürsten und Dienstherren seltene Vögel sind (WA 30.2,558), war für Luther ein wesentlicher Grund dafür, »das man Kinder zur Schulen halten solle«. In dieser 1530 auf der Feste Coburg geschriebenen »Predigt« (WA 30.2,508-588) findet man zugleich eine klare Trennung der beiden Reiche. »Darumb gleich wie des predig ampts werck und ehre ist, das es aus sundern eitel heiligen, aus todten lebendige, aus verdampten seligen, aus teuffels dienern Gottes kinder macht, Also ist des welltlichen regiments werck und ehre, das es aus wilden thieren menschen macht und menschen erhellt, das sie nicht wilde thiere werden.« (WA 30.2,555) Das weltliche Amt ist zwar neben dem geistlichen Predigtamt nur wie ein Schatten der Herrschaft Christi. Aber der zeitliche Nutzen ist von hohem Wert, da es der Erhaltung von Frieden, Recht und Leben dient (vgl. ebd. S. 554).

Luthers Auslegung des 101. Psalms, die als »eine der besten Schriften in deutscher Sprache« (Thiele WA 51,637) gilt, enthält rund 170 Sprichwörter. Diese Psalmenauslegung von 1534/35 (WA 51,197-264), der wir sieben Texte entnommen haben, wurde zu einem Fürstenspiegel mit zahlreichen Anspielungen auf den kursächsischen Hof. Luther kritisiert hier nicht nur die Habgier und Dreistigkeit der Hofleute, sondern auch Johann Friedrich, der 1532 Kurfürst wurde und den sein Vetter Moritz die »dicke Hoffahrt von Wittenberg« nannte.

Etliche Fabeln aus Esopo von D.M.L. verdeudscht

(1530)

I. Torheit.

Vom Han und Perlen.

EJn Han scharret auff der Misten und fand eine köstliche Perlen. Als er dieselbigen im Kot so ligen sahe, sprach er, Sihe, du feines Dinglin, ligstu hie só jemerlich, Wenn dich ein Kauffmann fünde, der würde dein fro, und du würdest zu grossen Ehren komen. Aber du bist Mir und Ich dir kein nütze. Ich neme ein Körnlin oder Würmlin und lies eim alle Perlen. Magst bleiben, wie du ligst.

Lere.

DJese Fabel leret, das dis Büchlin bey Bawren und groben Leuten unwerd ist, wie denn alle Kunst und Weisheit bey den selbigen veracht ist, Wie man spricht, Kunst gehet nach Brod. Sie warnet aber, das man die Lere nicht verachten sol.

[.1.] Vom Han und Perlin

Ein han scharret auff der misten, vnd fand eine kostliche perlin, Da er dieselbigen ym kot so liegen sahe, sprach er, mañcher funde dich gerne, ⌈vnd wurde dich mit golde zieren⌉ ⌈Aber ich⌉ neme ein ⌈kornlin⌉ ⌈und lies eym alle perlin⌉, Magst bleiben, wie du ligst

Malum· Malum dicit omnis emptor[1], Wer ⌈Christum⌉ nicht hat der begerd sein sicut gentes Wer yhn hat der creutzigt yhn vnd wil yhn nicht wie die Juden Sic omnis ars praesens, absens habet[2],

Diese fabel zeigt an, Das, grobe[3] leŭte, nicht wissen wo zu eine einige[4] fabel nütze odder ⌈wenn⌉ sie zu gebrauchen sey, darumb sie dis buchlin verachten, wie denn alle kunst[5] vnd weisheit bey solchen leuten vnwerd vnd veracht ist, wie man spricht, kunst gehet nach brod[6],

[1] Jeder Käufer macht die Ware schlecht. [2] Vgl. »Was man nicht weiß, das eben brauchte man. Und was man weiß, kann man nicht brauchen.« (Goethe). [3] unwissende, ungebildete. [4] eine einzige. [5] Wissen, Wissenschaft. [6] Kunst geht betteln. Die Künstler müssen um ihr Auskommen sorgen. Vgl. Luthers Sprichwörtersammlung Nr. 480.

·i· Torheit

Vom Han und perlen

Ein hañ scharret auff der misten, vnd fand eine kostliche perleñ., Als er die selbigen ym kot so ligen sahe, sprach er, Sihe, dŭ feines dingliñ, ligstu hie, so iemerlich,, wenn dich ein kauffmañ funde, der wurde dein fro, vnd [du] wurdest zu grossen ehren komen, Aber du bist mir, vnd ich dir, kein nŭtze, Ich neme ein kornlin odder wurmlin und lies eym alle perlen,

2 *Hahn und Perle*

Lere,

Diese fabel leret, das dis büchlin, bey baŭrn vnd groben leüten vnwerd ist, wie denn alle künst und weisheit, bey den selbigen veracht ist, wie man spricht, kunst gehet nach brod, Sie warnet aber, das man die lere nicht verachten sol,

II. Hass.

Vom Wolff und Lemlin.

EJn Wolff und Lemlin kamen on gefehr beide an einen Bach zu trincken. Der Wolff tranck oben am Bach, das Lemlin aber fern unten. Da der Wolff des Lemlins gewar war, lieff er zu jm, und sprach, Warumb trübestu mir das Wasser[1], das ich nicht trincken kan? Das Lemlin antwortet, Wie kan ich dirs Wasser trüben, trinckestu doch uber mir und möchtest es mir wol trüben? Der Wolff sprach, Wie? Fluchstu mir noch dazu? Das Lemlin antwortet, Ich fluche dir nicht. Der Wolff sprach, Ja, dein Vater thet mir für sechs Monden auch ein solchs. Du wilt dich Vetern. Das Lemlin antwortet, Bin ich doch dazumal nicht geborn gewest, wie sol ich meins Vaters entgelten? Der Wolff sprach, So hastu mir aber mein Wiesen und Ecker abgenaget und verderbet. Das Lemlin antwortet, Wie ist das müglich, hab ich doch noch keine Zeene? Ey sprach der Wolff, und wenn du gleich viel ausreden und schwetzen kanst, wil ich dennoch heint nicht ungefressen bleiben, und würget also das unschüldig Lemlin und frass es.

Lere.

DEr Welt lauff ist, wer Frum sein wil, der muß leiden, solt man eine Sache vom alten Zaun brechen, Denn Gewalt gehet für Recht. Wenn man dem Hunde zu wil, so hat er das Ledder gefressen[2]. Wenn der Wolff wil, so ist das Lamb unrecht.

[1] Vgl. das Sprichwort »Er hat nie kein Wasser betrubt« in Luthers Sprichwörtersammlung Nr. 264. Luther benutzt öfter die ursprüngliche Beziehung auf die Fabel von Wolf und Lamm, beispielsweise wenn er sagt: »ich musste das Schaf sein, das dem Wolfe das Wasser getrübt hatte; Tetzel ging frei aus; ich musste mich fressen lassen« (vgl. Thiele 1900, S. 250f.; dort weitere Beispiele). [2] Vgl. Luthers Sprichwörtersammlung Nr. 32 und 31. Der Sinn ist: leichtfertig Streit anfangen (Nr. 32) und: Wenn man jemandem etwas anhaben will, findet sich leicht ein Grund.

[2] *Vom Wolff und lemlin*

Eiñ wolff vnd lemblin kamen beide on gefer an einen bach zu trincken, Der wolff tranck oben am bach, das lemblin aber fern vnden, Da der wolff des lemblins gewar ward,, sprach er zu yhm, Warumb trubstu mir das wasser, das ich nicht trincken kan? Das lemblin antwortet, Wie kan ich dirs wasser trüben, so du ober mir trinckest? Du mochtest mirs wol trüben. Der wolff sprach Wie? fluchstu mir noch dazŭ, Das lemblin antwortet Ich fluche dir nicht, Ja sprach der wolff, Deiñ Vater thet mir fur sechs monden auch ein solches, Das lemblin antwortet, Wie sol ich meines Vaters entgellten? Der wolff sprach, du hast mir auch meine wisen und acker abgenaget und verderbet Das lemblin antwort, Wie ist das muglich, hab ich doch noch keiñe zene? Ey sprach der wolff of du gleich viel schwetzens kanst, so ⌊mus⌋ ich dennoch heiñt zu fressen haben, Und wurget das vnschuldig lemblin vnd fras es,

Diese fabel zeigt

Das gewalt gehet fur recht, Vnd ⌈frum leute⌉ mussen leiden, solt man ⌈gleich⌉ sachen vom alten zaun brechen., Wenn man dem hunde zu wil, so hat er das ledder gefressen Wenn der wolff wil, so ⌊hat⌋ das schaff ⌈vnrecht⌉

Eadem infra repetitur

Ein wolff vnd lemlin kamen vngefer beide an einen bach zu trincken, Der wolff tranck oben ⌈am bach⌉, das lam aber ⌈fern⌉ vnden Da der wolff des lams gewar ward, sprach er zu yhm, Was trubestu mir das wasser eben wenn ich trincken wil? Das arm lam sprach, wie kan ich dir das wasser truben, so du ober mir trinckest?, Ich mocht wol sagen, das du mirs hie niden trube machtest, Der wolff ward zornig vnd sprach, Ey das dich,, fluchstu mir noch dazŭ, Das lam sprach, Ich fluche dir nicht, Ja sprach der wolff, Deiñ Vater thet mir fur sechs monden, auch ein solchs, Sprach das lam, wie sol ich meines Vaters entgelten Da sprach der wolff,, du hast mir auch meine acker vnd wisen mit deinem nagen verderbt Das lemlin antwort, wie ist das muglich, bin ich do so iung, das ich noch keine zene habe Ey sprach der wolff, wenn du dich [noch] so wol drehen[1] vnd ausreden kundtest, so wil ich dennoch das nachtmal von dir haben, Und fur zu, wurget das vnschuldige lemlin vnd fras es

Deutung:

Wenn man dem hunde zu wil, so hat er ledder fressen

[1] drehen, entschuldigen im Sinne von: sich einer Verpflichtung zur Beweisführung entziehen. Vgl. Luthers Sprichwörtersammlung Nr. 139.

·ii· Hass,

Vom wolff und lemlin

Ein wolff vnd lemlin kamen on geferd, beide an einen bach zu trincken, Der wolff tranck oben am bach, Das lemlin aber, fern vn̂den Da der wolff des lemlins gewar ward, lieff er zu yhm, vnd sprach, Warumb trübestu mir das wasser das ich nicht trincken kan, Das lemlin antwortet wie kan ich dirs wasser truben, trinckestu doch ober mir, vnd mochtest es mir wol truben Der wolff sprach, Wie? fluchestŭ mir noch dazû? Das lemlin antwortet, Ich fluche dir nicht. Der wolff sprach, Ja Dein Vater thet mir fur sechs monden auch ein solchs, du wilt dich Vetern Das lemblin antwortet, Bin ich [doch] dazu mal nicht geborn gewest, wie sol ich meiñs Vaters entgelten? Der Wolff sprach, So hastu mir aber, meine wisen vnd ecker abgenaget vnd verderbet, Das lemlin antwortet, Wie ist [das] muglich, hab ich doch noch keine zeene? Ey sprach der wolff, Vnd wenn du gleich viel aüsreden vnd schwetzen kanst, wil ich dennoch heiñt nicht vngefressen bleiben Und wŭrget also das vnschuldige lemlin und fras es·

3 *Wolf und Lamm*

Lere

Der wellt lauff ist, Wer frũm sein wil, der mus leiden, solt man eine sache vom alten zaũn brechen, Denn Gewalt gehet fur Recht, Wenn man dem hũnde zu wil, so hat er das ledder gefressen, Wenn der wolff wil, so ist das lamb vnrecht

III. Untrew.

Vom Frosch und der Maus.

EJne Maus were gern uber ein Wasser gewest und kundte nicht Und bat einen Frosch umb Raht und Hülffe. Der Frosch war ein Schalck und sprach zur Maus, Binde deinen Fuss an meinen Fuss, So wil ich schwimmen und dich hinüber zihen. Da sie aber auffs Wasser kamen, tauchet der Frosch hinuntern und wolt die Maus ertrencken. In dem aber die Maus sich wehret und erbeitet, fleuget ein Weihe daher und erhasschet die Maus, zeucht den Frosch auch mit heraus und frisset sie beide.

Lere.

SJhe dich für, mit wem du handelst. Die Welt ist falsch und untrew vol. Denn welcher Freund den andern vermag, der steckt jn in Sack. Doch schlecht Untrew allzeit jren eigen Herrn, wie dem Frosch hie geschicht.

[.3.] *Von der maŭs und frossch*

Eiñ̂e maŭs were gern vber ein wasser gewest vnd kund nicht, Da bat sie einen frosch vmb trewen rat, Der frosch war hemisch vnd der maus feind vnd sprach, Bin̂de deinen fuß an meinen, so wil ich schwymmen vnd dich hinuber zihen, Da sie aber auffs wasser kamen, taŭchet der frosch hiŭntern vnd wolt die maus ertrencken, Jnn dem aber die maŭs sich weret vnd erbeit, fleŭget ein weyh daher und erhasschet die maus, zeucht den frosch auch mit eraus vnd frisset sie alle beide

4 *Maus, Frosch und Weih*

Diese fabel zeigt

Das die wellt ist vol ⌈bosheit vnd⌉ vntrew, Aber doch schlegt vntrew allzeit yhren herrn, ⌈vnd mus⌉ der ⌈falsche⌉ frosch ⌊ynn seiner vntrew mit der maus verderben⌋

Sihe fur dich
trew ist mislich
Traw wol reyt das pferd weg

·ii· Vntrew

Vom frosch vnd der Maŭs

Eine maŭs were gern vber ein wasser gewest vnd kundte nicht, vnd bat einen frossch vmb rat vnd hůlffe, Der frosch war ein schalck vnd sprach zur maus, bin̂de deinen fus an meinen fus, so wil ich schwimmen und dich hinŭber zihen, Da sie aber auffs wasser kamen, tauchet der frosch hin untern, vnd wolt die maŭs ertrencken, Jnn dem aber die maus sich weret vnd erbeitet, fleuget ein weyhe daher, vnd erhasschet die maŭs, zeucht den frosch auch mit eraŭs, vnd frisset sie beide

Lere

Sihe dich für, mit wem du handelst, Die wellt ist falsch vnd vntrew [vol] Denn welcher freünd den andern vermag der steckt yhn ynn sack, Doch,, Schlegt vntrew allzeit yhren eigen herrn, wie dem frossch hie geschicht

IIII. Neid.

Vom Hunde und Schaf

DEr Hund sprach ein Schaf für Gericht an[1] umb Brod, das er jm gelihen hette. Da aber das Schaf leugnet, berieff sich der Hunde [*so*] auff Zeugen, die musste man zu lassen. Der erste Zeuge war der Wolff, der sprach, Ich weis, das der Hund dem Schaf Brod gelihen hat. Der Weihe sprach, Ich bin dabey gewest. Der Geir sprach zum Schaf, Wie tharstu das so unverschampt leugnen? Also verlor das Schaf seine Sache und musste mit schaden zur uneben[2] zeit seine Wolle angreiffen, damit es das Brod bezalet, das es nicht schüldig worden war.

Lere:

Hüt dich vor bösen Nachbarn oder schicke dich auff Gedult, wiltu bey Leuten wonen[3], Denn es gönnet niemand dem andern was Guts. Das ist der Welt lauff.

[1] verklagte. [2] ungünstigen. [3] rüste dich mit Geduld, wenn du unter Menschen leben willst.

[4] *Vom hund vnd schaff*

Ein hŭnd sprach ein schaff fur gericht an vmb brod,, das er yhm gelihen hette,, Da aber das schaff leŭgnet, berieff sich der hund auff zeugen, die wurden ihm zugelassen Der erste zeuge, war der wolff, der sprach, Ich weis das der hund dem schaff brod gelihen hat, Der Weyh sprach, Ich bin auch da bey gewesen Der Geyr sprach zum schaff, wie tharstu es so vnuerschampt leŭgnen, Also ward das schaff vber wunden, vnd verurteilt, Dem hunde das brod von stund an widder zu geben, Vnd muste seine wolle, zur vñeben zeit angreiffen, damit es bezalet, das es nie schuldig worden war,

Diese fabel zeigt, Der wellt lauff ist Wenn ein bübe ynn synn nympt einem schaden zu thŭn, findet er wol mehr buben, die yhm helffen Darumb heissts, Patiêntz, wer bey leuten wonen wil

Hutt dich fur bosen nachbarn odder richt dich auff ewige gedult gegen sie

Wenn die nahbar vbel wollen der mŭs leyden Got behut fur bosen nahbarn

iiii ,Neid,

Vom hunde vnd schaff

Der hünd sprach eiñ schaff fur gericht añ, vmb brod, das er yhm gelihen hette Da aber das schaff leügnet, berieff sich der wolff [*so!*] aüff zeugen, die muste man zu lassen, Der erste zeuge war der wolff, der sprach, Ich weis, das der hund dem schaff, brod gelihen hat, Der Weyh sprach Ich bin da bey gewest, Der Geyr sprach zum schaff wie tharstu das so vnûerschampt leugnen? Also [verlor] das schaff seine sache,, Vnd muste mit schaden zur vñeben zeit, seine wolle angreiffen, da mit es das brod bezalet,, des es nicht schuldig war

Lere

Hutt dich fur bosen nachbarn, odder schicke dich auff gedult, wiltŭ bey leüten wonen,, Denn es gonnet niemand dem andern was guts, das ist der wellt lauff,

V. Geitz.

Vom Hunde im Wasser

Es lieff ein Hund durch einen Wasserstrom, und hatte ein stück Fleisch im Maule. Als er aber den schemen[1] vom Fleisch im Wasser sihet, wehnet er, es were auch Fleisch, und schnappet girig darnach. Da er aber das Maul aufftet, empfiel jm das stück Fleisch, und das Wasser fürets weg. Also verlor er beide, das Fleisch und schemen.

Lere.

Man sol sich benügen lassen an dem, das Gott gibt. Wem das wenige verschmahet[2], dem wird das Grösser nicht. Wer zu viel haben wil, der behelt zu letzt nichts. Mancher verleuret das gewisse uber dem ungewissen.

[1] Spiegelbild. [2] verschmäht, weil es ihm zu gering ist.

[5] *Vom hunde*

Es lieff ein hund durch ein wasser strom vnd hatte ein stuck fleischs ym maul, Als er aber den schemen vom fleisch ym wasser sihet, wehnet er, Es were auch fleisch, vnd schnappet gyrig darnach, Da er aber das maul auffthet, eñtfiel yhm das stuck fleischs und das wasser furets weg, Also verlor er beyde fleisch und schemen

Dieße fabel zeigt

Man sol sich benűgen lassen, an dem das Gott gibt
Wer zu viel haben wil, dem wird zu weng,
Mancher verleurt auch das gewisse vber dem vngewissen,

5 *Hund mit Fleisch im Wasser*

v Geitz

Vom hŭnde ym wasser

Es lieff ein hund durch ein[en] wasser strom vnd hatte ein stuck fleisch ym maŭle Als er aber den schemen vom fleisch ym wasser sihet, wehnet [er] es were auch fleisch, vnd schnappet gyrig darnach, Da er aber das maul auffthet empfiel yhm das stuck fleisch, vnd das wasser furets weg, Also verlor er beide das fleisch und schemen

Lere

Man sol sich benugen lassen an dem das Gott gibt Wem das wenige verschmahet, dem wird das grosser nicht, Wer zu viel haben wil, der behelt zu letzt nichts, Mancher verleuret, das gewisse, vber dem vngewissen

VI. Frevel. Gewalt.

Es geselleten sich ein Rind, Ziegen und Schaf zum Lewen und zogen mit ein ander auff die Jaget in einen Forst. Da sie nu einen Hirs gefangen und in vier Teil gleich geteilet hatten, sprach der Lewe, Jr wisset, das ein Teil mein ist als ewrs Gesellen. Das ander gebürt mir, als eim Könige unter den Thieren. Das dritte wil ich haben darumb, das ich stercker bin und mehr darnach gelauffen und geerbeitet habe denn jr alle drey. Wer aber das vierdte haben wil, der mus mirs mit gewalt nemen. Also mussten die drey für jre mühe das Nachsehen und den schaden zu Lohn haben.

Lere.

FAre nicht hoch, Halt dich zu deines Gleichen. Dulcis inexpertis cultura potentis Amici[1]. Es ist mit Herrn nicht gut Kirschen essen, sie werffen einen mit den Stielen. Ulpia. L. Si non fuerint. Das ist ein Geselschafft mit dem Lewen, wo einer allein den Genies, der ander allein den Schaden hat.

[1] Horaz Ep. I, 18,86: Angenehm für die Unerfahrenen ist der Umgang mit mächtigen Freunden.

[6] *Von dem Lewen, Riñd, zigen und schaff*

Es geselleten sich, ein Riñd, zigen, schaff zu einem lewen, vnd zogen miteinander auff eine iaget ynn einen forst, vnd fiengen einen hirs, den teileten sie gleich ynn vier teil, Aber der lew sprach, Ein teil ist mein aus der gesellschafft [das wisset yhr]

Ihr wisset, das ein teil mein ist als ewrem gesellen einem

[Das ander geburt mir als eim konige aller thiere] Das dritte teil [wil ich haben] weil ich [stercker bin vnd] mehr drumb gelauffen habe, denn yhr   Wer aber das vierde [haben wil, der müs mirs mit gewalt nemen]

Also [musten] die drey [[fur yhre muhe] das nach sehen vnd] den schaden zu lohn haben

6 Kuh, Ziege, Schaf und Löwe

Diese fabel leret

Halt dich zu deines gleichen, Vnd ſhutt dich fur gewaltigen freunden vnd gesellen] Denn es ist ein alter reym Geselle dich nicht zu der gewalt, so behelt dein wesen auch ein gestalt[1]

Dulcis inexpertis cultüra potentis amici

fare
freye nicht gern hoch[2]

[1] von Steinhöwel übernommen; vgl. S. 63. [2] sei bescheiden.

vj Freŭel Gewalt

Es geselleten sich, ein Rind, Zigen, vnd schaff zum lewen vnd zogen miteinander auff die iaget yn̂n̂ einen forst, Da sie nŭ einen hirs gefangen, vnd ynn vier teil gleich geteilet hatten

Sprach der Lewe Ihr wisset, das ein teil mein ist als ewrs gesellen,, Das ander geburt mir, als eim konige vnter den thieren, Das dritte wil ich haben darumb das ich stercker bin vnd mehr darnach gelauffen vnd geerbeitet habe, denn yhr alle drey, Wer aber das vierde haben wil, der mus mirs, mit gewallt nemen, Also musten die drey, fur yhre muhe das nach sehen, vnd den schaden zu lohn, haben

Lere

Fare nicht hoch, Hallt dich zu deines gleichen, Dulcis inexpertis cultura potentis amici, Es ist mit herrn nicht gut kirschen essen, sie werffen einen mit den stilen. Vlp. L. Si non fuerint, Das ist ein gesellschafft mit dem lewen, wo einer allein den genies, der ander allein den schaden hat

VII. Diese Fabel ist auff ein ander Weise also gestellet.

EJn Lewe, Fuchs und Esel iagten mit einander und fiengen einen Hirs. Da hies der Lewe den Esel das Wilpret teilen. Der Esel macht drey Teil, des ward der Lewe zornig und reis dem Esel die Haut uber den Kopff, das er blutrüstig[1] da stund, Und hies den Fuchs das Wilpret teilen. Der Fuchs sties die drey Teil zusamen und gab sie dem Lewen gar. Des lachet der Lewe und sprach, Wer hat dich so leren teilen? Der Fuchs zeiget auff den Esel und sprach, Der Doctor da im rotten Parret.

Diese Fabel leret zwey Stücke.

DAs erste, Herrn wollen vorteil haben, und man sol mit Herrn nicht Kirsschen essen, sie werfen einen mit den Stilen. Das ander, Felix, *quem faciunt aliena pericula cautum*. Das ist ein weiser Man, der sich an eines andern Unfal bessern kan.

[1] blutüberströmt.

[7] *Die selbige fabel auff ein ander weise*

Ein lew, fuchs vnd esel iagten miteinander vn̂d fiengen einen hirs, Da hies der lew den esel, das wiltpret teilen, Der esel machet dreÿ teyl, Des ward der lew zornig, vnd reiß dem esel die haût vber den kopff, das er blutrŭstig da stund,, [vnd] hies darnach den fuchs das wiltpret teylen, Der fuchs sties die Drey teil zusamen und gab sie dem lewen gar,, Da sprach der lew, Wer hat dich so leren teilen, Der fuchs zeiget auff den esel vnd sprach, Der doctor [da] ym roten pirret

Diese fabel leret zwey stuck

Das erst, Herrñ wollen vorteil haben und man sol mit herrn nicht kirschen essen sie werffen einen mit [den] stilen,

Diese fabel [ist] auff ein ander weise also gestellet

Ein lewe, fuchs vnd Esel iagten miteinander vnd fiengen einen hirs, Da hies der lewe den Esel das wiltpret teilen, Der esel machet drey teil   Des ward der lewe zornig, vnd reis dem esel die haut vber den kopff, das er blutrustig da stund, Vnd hies den fuchs das wiltprett teilen, Der fuchs sties die drey teil zu samen vnd gab sie dem lewen gar   Des lachet der Lewe, vnd sprach, Wer hat dich so leren teilen, Der füchs zeiget auff den Esel und sprach, Der Doctor da ym roten parret, (Hier bricht Luthers Reinschrift ab.)

7 *Löwe, Esel und Fuchs*

VIII. Vom Diebe.

Es freiet eins mals ein Dieb, und seine nachbarn waren frölich auff seiner Hochzeit, denn sie hoffeten, er würde hinfurt from werden. Da kam ein klüger man dazu, und als er sie so in freuden sahe, sprach er, Sehet zu, seid nicht allzu frölich. Die Sonn wolt auch ein mal freien, Des erschrack alle Welt und ward so ungedultig, das sie auch in den Himel fluchet und schald. Es fragt Jupiter aus dem Himel, Was das fluchen bedeutet. Da sprach alle Welt, Wir haben jtzt ein einige Sonne, und die thut uns mit jrer Hitze so viel zu leide, das wir schier alle verderben. Was wil werden, wenn die Sonne mehr Sonnen zeugen wird?

Diese Fabel zeigt der Welt.

Man darff den Teufel uber die Thür nicht malen[1],
Gris schlecht gern nach gramen,
Ein dieb zeugt den andern.
Hilff frome Leute mehren,
Der Bösen ist sonst zu viel.

Mancher schalck wird durch frome Leute gefördert, der darnach seines Gleichen an sich zeucht, Landen und Leuten seer schedlich ist. Darumb sihe dich für, wem du rahten oder helffen solt. An frembden Kindern und Hunden (spricht man) ist das Brod verloren.

[1] Vgl. Luthers Sprichwörtersammlung Nr. 356 und 357. Der Sinn der drei Versionen – den Teufel an die Wand oder über die Tür malen (Nr. 356) oder zum Gevatter bitten (Nr. 357) – ist wesentlich gleich: Es bedarf keiner Einladung; denn er kommt von selbst. (vgl. die zahlreichen Beispiele bei Thiele 1900, S.324–328).

Vom diebe

Es freyet eins mals ein dieb, vnd seine nachbarn waren frolich auff seiner hochzeit, Denn sie hoffeten, Er wurde hinfurt frům werden Da kam ein kluger man dazu, Vnd als er sie so ynn freüden sach, Sprach er Sehet zŭ Seid nicht allzu frolich Die Sonne wolt aüch ein mal freÿen, des erschrack alle wellt, vnd ward so ungedultig das sie auch ynn den hymel fluchet vnd schalt, [Es fragt aus dem himel], was das fluchen bedeutet, Da sprach alle welt Wir haben itzt ein einige soññe vnd die thut vns mit yhrer hitze so viel zu leide, das wir schier alle verderben, Was wil werdenn wenn die Sonne mehr Sonnen zeugen wird?

Diese fabel zeigt Der wellt
Darff den teuffel uber die thur malen
Gris schlecht gern nach gramen
Ein dieb zeugt den andern
Hilff frume leute mehren
Der bosen ist sonst zu viel
helffest
Sihe zu wem du
fodderst
Der wellt

Mancher schalck [wird] durch frume leute gefoddert, der darnach [seinesgleichen an sich [zeucht]] land vnd leuten seer schedlich ist Darumb sihe dich fur, wem du helffen odder raten solt, An frembden kindern und hunden (spricht man) ist das brod verloren

IX. Vom Kranich und Wolffe.

DA der Wolff eins mals ein Schaf geiziglich[1] fras, bleib jm ein Bein im Halse uber zwerch stecken, davon er grosse Not und Angst hatte, Und erbot sich gros Lohn und Geschenck zu geben, wer jm hülffe. Da kam der Kranich und sties seinen langen Kragen dem Wolff in den Rachen und zoch das Bein eraus. Da er aber das verheissen Lohn foddert, sprach der Wolff, Wiltu noch Lohn haben, Dancke du Gott, das ich dir den Hals nicht abgebissen habe, du soltest mir schencken[2], das du lebendig aus meinem Rachen komen bist.

Diese Fabel zeigt.

Wer den Leuten in der Welt wil wol thun, der mus sich erwegen[3] Undanck zuverdienen. Die Welt lohnet nicht anders denn mit Undanck, wie man spricht. Wer einen vom Galgen erlöset, Dem hilfft derselbige gern dran.

[1] gierig. [2] als Geschenk anrechnen. [3] damit abfinden.

8 *Wolf und Kranich*

Vom Kranich und Wolffe

[Da der] wolff [eins mals, ein schaff geitziglich fras,] bleib yhm ein beyn [ym] halse oberzwerig stecken, daüon̂ er grosse not vnd angst hatte, Vnd erbot sich, gros lohn vnd geschenck zu geben wer yhm hulffe, Da kam der kran̂ich und sties seinen langen kragen dem wolff ynn den rachen vnd zoch das beyn eraus, Da er aber das verheissen lohn foddert, sprach der wolff, Wiltu noch lohn haben, Dancke du Gott, das ich dir den hals nicht abgebissen [habe], du soltest mir schencken das du lebendig aus meinem rachen [komen bist]

Diese fabel zeigt

Wer [den] leuten [ynn der welt] wil wol thŭn, der mus sich erwegen, vn̂dan̂ck zu verdienen, Die wellt lohnet [nicht anders denn] mit vndanck Wie man spricht, Wer einen vom galgen erloset dem hilfft der selbige gerne dran

Der den̂cke nicht das man yhm dancke etc.
quere in prouerbij[1]

[1] quaere in proverbiis: Luther verweist damit auf Bibelsprüche oder Volkssprichwörter.

X. Vom Hund und der Hündin.

EJn schwangere Hündin bat mit demütigen Worten einen Hund, das er jr wolt sein Heuslin gönnen, bis sie geworffen hette. Das that der Hund gerne. Da nu die jungen Hündlin erwuchsen, begert der Hund sein Heuslin wider, aber die Hündin wolte nicht. Zu letzt drewet jr der Hund und hies sie das Heuslin reumen. Da ward die Hündin zornig, und sprach, Bistu böse, so beis uns hinaus.
Dise Fabel zeigt, Wenn die Laus in grind komet, so macht sie sich beschissen[1]. Sihe, wie du des Bösen los werdest, wens uberhand kriegt. Der Teufel ist gut zu Gast zu bitten[2], Aber man kan sein nicht wol los werden.

[1] wird sie stolz, anspruchsvoll. [2] Vgl. Luthers Sprichwörtersammlung Nr. 357.

Vom hund und der hundin

Eine [schwangere] Hŭndin bat mit demutigen worten einen hund, das er [yhr] wolt sein heüslin̂ gonnen, bis sie geworffen hette, [Das that] Der hund [gerne], Da nu die iŭngen hundlin wŭchsen, begert der hund sein heuslin widder, Aber die hündin wolte nicht, zu letzt drewet yhr der hünd und hies sie das heüslin rewmen, Da ward die hündin zornig und sprach Bistŭ bose,, so beys uns hynaüs

Ingratitudo

Diese fabel zeigt:

Wenn die laŭs yn̂n̂ grin̂d komet, so macht sie sich beschissen
Wenn man̂ den teŭffel zu gast ladet
Sihe, wie du des bosen los werdest, wenns vber hand kriegt

XI. Vom Esel und Lewen.

DEr Esel ward auch ein mal Bawrkündig[1], und als er einem Lewen begegnet, grüsset er jn hönisch und sprach, Jch grüsse dich, Bruder. Den Lewen verdros der hönissche Grus, dacht aber bey sich selbs, Was sol ich mich an dem Schelmen rechen, Jch schelte oder zureisse jn, so lege ich kein Ehre ein. Jch wil den Narren lassen faren.

Lere.

Hoc scio pro certo, quod si cum stercore certo
  Vinco vel vincor, semper ego maculor.[2]
Wer mit eim Dreck rammelt,
  Er gewinne oder verliere, so gehet er beschissen davon.

[1] übermütig. [2] Dieses Distichon zitiert Luther bereits in der Schrift *De captivitate Babylonica* (vgl. WA 6,501). Wörtlich übersetzt lautet es: Dies weiß ich gewiß, wenn ich mit dem Mist streite, ob ich gewinne oder verliere, ich mache mich immer schmutzig.

Vom Esel und lewen

Der esel ward auch ein mal ⌈baůrkündig⌉ vnd als er einem lewen begegenet, grusset er yhn honisch vnd sprach· Ich grusse dich bruder, Den lawen ver⌈dros der⌉ honische ⌈grus⌉., dacht aber bey sich selbs, Was sol ich mich an dem schelmen rechen, Ich schelte odder zureisse yhn, so lege ⌈ich⌉ keine ehre ein, Ich wil denn narren lassen faren

Hoc scio pro certo, qüod si cum stercore certo
  Vinco vel vincor, semper ego macülor
Wer mit ⌈eym⌉ drecke rammelt
Er gewune odder verliere, so ⌊gehet⌋ er beschissen dauon.

XII.

EJn Stadmaus gieng spaciren und kam zu einer Feldmaus, die thet jr gütlich mit Eicheln, Gersten, Nüssen, und womit sie kund. Aber die Stadmaus sprach, du bist eine arme Maus, was wiltu hie in Armut leben. Kome mit mir, ich wil dir und mir gnug schaffen von allerley köstlicher Speise. Die Feldmaus zog mit jr hin in ein herrlich schön Haus, darin die Stadmaus wonet, und giengen in die Kemnoten, da war vol auff, von Brod, Fleisch, Speck, Würste, Kese und alles, da sprach die Stadmaus, Nu iss und sey guter ding, solcher Speise hab ich teglich uberflüssig.

In des kömpt der Kelner[1] und rumpelt mit den Schlüsseln an der thür. Die Meuse erschracken und lieffen davon. Die Stadmaus fand bald jr Loch, Aber die Feldmaus wüsste nirgend hin, Lieff die wand auff und abe und hatte sich jres Lebens erwegen.

Da der Kelner wider hinaus war, sprach die Stadtmaus, Es hat nu kein Not, las uns guter ding sein. Die Feldmaus antwortet, Du hast gut sagen, du wusstest dein Loch fein zu treffen, dieweil bin ich schier für Angst gestorben. Jch wil dir sagen, was die meinung ist[2]. Bleibe du eine reiche Stadmaus und fris Würste und Speck, Ich wil ein armes Feldmeuslin bleiben und mein Eicheln essen. Du bist kein Augenblick sicher für dem Kelner, für den Katzen, für so viel Meusefallen, und ist dir das gantze Haus feind, solchs alles bin ich frey und sicher in meinem armen Feldlöchlin.

In grossen Wassern fehet man grosse Fissche,[3]
Aber in kleinen wassern fehet man gute Fisschlin.

Wer Reich ist hat viel { Neider,
Sorge,
Fahr. }

[1] Kellermeister. [2] meinen Vorschlag, meine Meinung. [3] Vgl. Luthers Sprichwörtersammlung Nr. 100 und 102.

9 Stadtmaus und Feldmaus

[13]

Eine ⌈Stad⌉maus ⌈gieng spatzieren vnd kam zu⌉ einer feldmaŭs, die thet yhr gutlich, mit eicheln, gersten n̂ŭssen vnd wo mit sie kŭnd   Aber die ⌈Stad⌉maus sprach, Du bist ein arme maus, Was wiltu hie ynn armut leben kom mit mir, ich wil dir vnd mir gnug schaffen von allerley kostlicher speise, ⌈Die feldmaus⌉ zog mit ⌈yhr⌉ hin, ynn ein herrlich schon haus, darinn die ⌈Stad⌉maus wonet, vnd giengen ynn die kemnoten, dor war vol ⌈auff von⌉ fleisch, ⌈speck⌉ wurste, brod kese vnd alles, Da sprach die ⌈Stad⌉maus, Nŭ isß vnd sey guter ding   Solcher speise hab ich teglich vberflussig, Jnn des kompt der kelner und rumpelt mit den schlusseln an der thur, Die meuse erschracken vnd lieffen dauon die ⌈Stad⌉maus fand bald yhr loch, Aber die felt maus, wuste nirgen hin, lieff die wand auff vnd abe vnd hatte sich yhrs lebens erwegen[1] Da der kelner widder hinaus war, sprach die ⌈Stad⌉-maus, Es hat ⌈nü⌉ kein not, las vns guter dinge sein, Die felt maus antwortet, du hast güt sagen, Du wustest dein loch fein zu treffen, die weil bin ich schier fur angst gestorben, Jch wil dir sagen was die meinung ist, bleib du ein reiche ⌈Stad⌉maus vnd fris würste vnd speck, Ich wil eine armes feld⌈meuslin⌉ bleiben vnd meine eicheln essen, Du bist ⌈kein augenblick⌉ sicher fur dem kelner, fur den katzen fur so viel meusefallen vnd ist dir das gantze haus feind   Solchs alles bin ich frey und sicher ynn meinem ⌊armen⌋ feldlochlin.

In grossem wasser fehet man grosse fissche
Aber ynn kleinem wasser fehet man gute fissche
neyder
Wer reich ist, hat viel – sorge
fahr

[1] war auf den Tod gefaßt.

XIII. Vom Raben und Fuchse.

EJn Rab hatte einen Kese gestolen und satzte sich auffeinen hohen Baum und wolte zeren. Als er aber seiner art nach nicht schweigen kan, wenn er isset, höret jn ein Fuchs uber dem Kese kecken und lieff zu und sprach, O Rab, nu hab ich mein lebtag nicht schöner Vogel gesehen von Feddern und Gestalt denn du bist. Und wenn du auch so eine schöne Stimme hettest zu singen, so solt man dich zum Könige krönen uber alle Vögel.

Den Raben kützelt solch Lob und Schmeicheln, fing an, wolt sein schönen Gesang hören lassen, und als er den Schnabel auffthet, empfiel im der Kese, den nam der Fuchs behend, fras jn und lachet des thörichten Rabens.

Hüt dich, wenn der Fuchs den Raben lobt.

Hüt dich für schmeichlern, so schinden und schaben etc.

10 *Fuchs und Rabe*

[16]
Vom Raben und fuchse

Ein rab hatte einen keße gestolen vnd satzt sich auff einen hohen bawm vnd wolte zeren Als er aber seiner art nach nicht schweigen kan wenn er isset, horet yhn ein fuchs, vber dem keße kecken vnd lieff zu, Vnd sprach O rab, nŭ hab ich mein [leb] tage nicht schoner vogel gesehen von feddern vnd gestalt, denn du bist Vnd wenn du auch [so] eiñe [schone] stimme hettest zu siñgen, so solt man dich zum konige kronen [vber] aller vogel. Den Raben kützelt solch lob vnd schmeicheln, fieng an und wolt sein schon gesang [horen lassen], Vnd als er den schnabel auffthet empfiel yhm der kese, den nam der fuchs behend, fras yhn vnd lachet des torichten Rabens,

Hut dich wenn der fuchs den Raben lobt Hut fur schmeicheln[1], so schinden vnd schaben[2]

[1] Schmeichlern. [2] ausbeuten.

Luthers Vorlage

Verzeichnis der von Steinhöwel übersetzten Fabeln
(1. Buch)

(Die von Luther bearbeiteten Fabeln Steinhöwels, die wir hier zusammen mit der lateinischen Vorlage abdrucken, sind durch Kursivdruck gekennzeichnet.)

Registrum fabularum esopi in librum primum.

Fabula I.	*De gallo et margarita.*
Fabula II.	*De lupo et agno.*
Fabula III.	*De mure, rana et milvo.*
Fabula IV.	*De cane et ove.*
Fabula V.	*De cane et frusto carnis.*
Fabula VI.	*De leone, vacca, capra et ove.*
Fabula VII.	*De fure malo et sole.*
Fabula VIII.	*De lupo et grue.*
Fabula IX.	*De duobus canibus.*
Fabula X.	De homine et serpente.
Fabula XI.	*De asino et apro.*
Fabula XII.	*De duobus muribus.*
Fabula XIII.	De aquila et vulpo.
Fabula XIV.	De aquila testudine et corvo.
Fabula XV.	*De corvo et vulpo.*
Fabula XVI.	De leone, apro, thauro et asino.
Fabula XVII.	De asino et catella.
Fabula XVIII.	De leone et mure.
Fabula XIX.	De milvo infirmo et matro.
Fabula XX.	De hyrundine et ceteris avibus.

Fabula prima de gallo et margarita.

In sterquilinio quidam pullus gallinatius dum quereret escam, invenit margaritam in loco indigno iacentem, quam cum videret iacentem sic ait: O bona res, in stercore hic iaces! si te cupidus invenisset, cum quo gaudio rapuisset ac in pristinum decoris tui statum redisses. Ego frustra te in hoc loco invenio iacentem, ubi potius mihi escam quero, et nec ego tibi prosum, nec tu mihi. Hec Esopus illis narrat, qui ipsum legunt et non intelligunt.

Die erst fabel von dem han und dem bernlin.

Ein han suchet syne spys uff ainer misty, und als er scharret, fand er ain kostlichs bernlin an der unwirdigen statt ligende; do er aber daz also ligend sach, sprach er: O du guotes ding, wie liegst du so ellenglich in dem kautt! hette dich ain gytiger gefunden, wie mit großen fröden hett er dich uffgezuket, und werest du wider in den alten schyn dyner zierde geseczet worden. So aber ich dich finde an der schnöden statt ligende, und lieber myne spys fünde, so bist du weder mir nüczlich, noch ich dir. Dise fabel sagt Esopus denen, die in lesent und nit verstant, die nit erkennent die kraft des edeln bernlins, und das honig uß den bluomen nit sugen künent; wann den selben ist er nit nüczlich ze lesen.

2. Fabula secunda de lupo et agno.

Esopus de innocente et improbo talem retulit fabulam. Agnus et lupus sicientes ad rivum e diverso venerunt; sursum bibebat lupus, longeque inferior agnus. Lupus ut agnum vidit sic ait: Turbasti mihi aquam bibenti. Agnus patiens dixit: Quomodo aquam turbavi tibi, que ad me de te recurrit? Lupus non erubuit veritatem ac: Maledicis mihi? inquit. Agnus ait: Non maledixi tibi. At lupus: Et ante sex menses ita pater tuus mihi fecit. Agnus ait: Nec ego tunc natus eram. At lupus denuo ait: Agrum mihi pascendo devastasti. Agnus inquit: Cum dentibus caream, quomodo id facere potui? Lupus demum ira concitus ait: Licet tua nequeam solvere argumenta, cenare tamen opipare intendo; agnumque cepit, innocentique vitam eripuit ac manducavit. Fabula significat, quod apud improbos calumniatores ratio et veritas non habent.

Die ander fabel von dem wolff und dem lamp.

Esopus seczet von den unschuldigen und den böslistigen triegern ain sölliche fabel. Ain wolff und ain lamp, baide durstige, kamen an ainen bach, allda ze trinken; der wolff trank oben an dem bach, und das lamp ferr unden. Do der wolf das lamp ersach, sprach er zuo im: So ich trinke, so trübst du mir das waßer? Das geduldig lemlin sprach: Wie mag ich dir das waßer trüb machen, das von dir zu mir flüßet? Der wolf errötet nit von der warhait des lamps und sprach: He, he, du fluochest mir. Antwürt daz lamp: Ich fluoch dir nit. Ja, sprach der wolf, vor sechs monet det mirs dyn vater ouch. Do sprach das lamp: Nun bin ich doch die selben zyt dannocht nit geboren gewesen. Do sprach der wolf: Du hast mir ouch mynen aker gar verwüst mit dynem nagen und verheret. Do sprach das lamp: Wie möcht das gesyn, nun hab ich doch der zen nicht.

Do ward der wolf in zorn bewegt und sprach: Wie wol ich dyne argument und ußzüg nit alle widerreden kan, so will ich doch ain rychlich nachtmal hinacht mit dir haben. Er fieng das unschuldig lemplin, er nam im sin leben und fraß es. Mit diser fabel will Esopus bezaigen, daz by bösen und untrüwen anklegern vernunft und warhait kain statt finden mag; söliche wolf fint man in allen stetten.

3. Fabula tercia de mure, de rana et de milvo.

Qui de salute alterius adversa cogitat, non effugiet malum. De quo talem audi fabulam. Mus dum transire vellet flumen, a rana petit auxilium. At illa grossum petit limum, quo murem sibi ad pedem ligavit et natare cepit flumen. In medio vero flumine se deorsum mersit, ut misero muri vitam eriperet. Ille validus dum teneret vires, milvus e contra volans murem cum unguibus rapuit, simul et ranam pendentem sustulit. Sic et illis contingit, qui de salute alterius adversa cogitant.

Die iii. Von der mus, frosch und wyen.

Welher gedenckt dem andern laid und widerwärtikait ze erzögen, der würt dem übel hart entrinnen; darvon hör ain fabel. Zu zyten wäre ain mus gern über ain waßer gewesen, und begeret raut und hilff von einem frosch. Der frosch nam ain schnur und band den fuoß der mus an synen fuoß, und fieng an über das waßer ze schwimmen. Und als er mitten in das waßer kam, tunket sich der frosch, und zoch die mus under sich und wolt sie ertrenken. Do des die ellend mus empfand, widerstund sy dem frosch nach ieren krefften; in dem kompt ein wy geflogen und nimpt die mit synen klawen, und den hangenden frosch mit ir und aß sie baide. Also beschicht ouch denen, die ander lüt veruntrüwen wellent, und versprechent hilff, und begeren ze schedigen, das in offt gelyche bütt würt. Dise fabel findst ouch völliger in dem leben Esopi by dem end.

4. Fabula iv de cane et ove.

De calumniosis hominibus talis dicitur fabula, quod semper calumniosi in bonos cogitant mendacium et faventes secum adducunt ac falsos testes emunt. De his ergo talis preponiter fabula. Canis calumniosus dixit deberi sibi ab ove panem, quem dederat mutuo. Contendebat autem ovis, nunquam se panem ab illo recepisse. Cum autem ante iudicem venissent, canis dixit se habere testes. Introductus lupus ait: Scio panem comodatum ovi. Inductus milvus: Me coram inquit accepit. Accipiter cum introisset: Quare negasti quod accepisti inquit? Victa ovis tribus testibus falsis, indicatur artius exigi. Coacta vero ante tempus lanas suas vendidisse dicitur, ut quod non habuit redderet. Sic calumniosi faciunt malum innocentibus et miseris.

Die iv fabel von dem hund und schauff.

Von den ... seczet Esopus ain söliche fabel. Ain ... hund sprach ain schauff an vor gericht umb ain brot, das er im geluhen hette. Das schauff lögnet und sprach, er hett nie kain brot von im enpfangen. Der hund rümet sich zügnus, die ward im ze hören erkennet; do ward für gezogen ain wolf der sprach: Ich waiß, das er im das brot gelühen hat. Mer ain wy oder ain aar der sprach: Ich bin darby gewesen. Do der gyr hin yn gieng, sprach er zu dem schauff: Wie getarst du lögnen, das du enpfangen hast? Das schauff ward überwonden mit dry falschen zögen, und geurtailt, dem hund das brot alsbald wider ze geben, und ward bezwungen, syne wollen ze unrechten zyten an ze gryffen, daz es bezalen möchte, das es nie schuldig worden was. Also tund die ... den unschuldigen, daz sy allweg triegery über sie erdenkend, und ir fürniemen mit falschen zügen und gestiften lügen bestetigent.

5. Fabula v de cane et frusto carnis.

Amitit proprium quisque avidus alienum sumere cupit. De talibus Esopi fabula sic narrat. Canis flumen transiens partem carnis ore tenebat, cuius umbram videns in aqua, aliam carnem credens, patefecit os, ut etiam eandem arriperet; et illam quam tenebat dimisit, eamque statimque fluvius rapuit. Et sic constitit ubi illam perdidit, et quam putabat sub aqua arripere, non habuit, ac illam quam ferebat similiter perdidit. Sic sepe qui alienum querit, dum plus vult sua perdit.

Die v fabel von dem hund und stuk flaisch.

Welher ze vil gytig ist über fremdes guot, der verlürt offt syn aigen guot dardurch. Von den selben sagt Esopus also. Ain hund truog ain stük flaisch in dem mul, und lieff durch ain fließend waßer. Im durchlouffen sicht er das flaisch in das waßer schynen, und wänet er sech ain ander stuk in dem waßer, und ward begirig das selb ouch ze niemen, und so bald er das mul uff tett, das selb ouch ze erwüschen, enpfiel im das, das er vor truog, und fuort es das waßer bald hinweg. Also stuond er und hett das gewiß mit dem ungewißen verlorn. Darumb welher gytiger ze vil wil, dem würt offt ze wenig.

6. Fabula vi de leone, vacca, capra et ove.

Dicitur in proverbio nunquam fidelem esse potentis divisionem cum paupere. De isto videamus quid hec fabula narret cunctis hominibus. Iuvenca, capella et ovis socii fuerunt simul cum leone, qui cum in saltibus venissent et cepissent cervum, factis partibus leo sic ait: Ego primam tollam ut leo; secunda pars mea est, eo quod sim fortior vobis; tercia vero mihi defendo quia plus vobis cucurri, quartam vero qui tetigerit me inimicum habebit. Sic totam predam illam solus improbitate sua abstulit. Cunctos monet hec fabula non sociari cum potentibus.

Die vi fabel von dem löwen, rind, gaiß und schauf.

Es ist ain gemain sprichwort: *Nicht gesell dich zuo gewalt, so behelt dyn wesen ouch ain guot gestalt.* Von dem sagt Esopus allen menschen ain sölliche fabel. Ain rind, ain gaiß, ain schauff, geselten sich zuo ainem löwen. Sie zohen mit ainander uff das gejägt in ainen forst und fiengen ainen hirs, der ward in fier tail getailet. Do sprach der leo: Den ersten tail nim ich, darumb, das ich ain leo und ain künig aller tiere bin; so ist der ander tail myn, darumb das ich sterker bin wann ir; so will ich den dritten han, darumb das ich fester geloffen bin wann ir. Welher aber den fierden an regt, des fynd will ich syn. Also schilet der untrüw leo die dry von ieren tailen und behielt er sie all. Dise fabel warnet alle menschen vor der mechtigen geselschafft hüten söllen; die selben fabel seczet Rimicius in der nüwen translation uß kriechisch in latin von dem löwen, aim esel und aim fuchs. Und als der esel von dem löwen gehaißen ward ze tailen, machet er dry tail dar uß. Darum ward der leo zornig über den esel und grißgramet mit den zenen und sprach zuo dem fuchs, er solte tailen. Do stieß der fuchs die tail all dry wider zesamen und gab sie dem löwen gar. Das gefiel im und sprach: Fuchs, wer hat dich so wol gelert tailen? Antwürt er bald: Die sorg, dar inn der esel gestanden ist, hat michs geleret. Und wyset dise fabel, das der sälig ist, den fremde sorg fürsichtig machet.

7. Fabula vii de fure, malo et sole.

Natura nemo mutatur; sed de malo peior nascitur. De hoc audi fabulam. Vicini, qui erant furi, frequentabant illi nuptias. Sapiens cum intervenisset vicinos gratulari ut vidit, continuo narrare cepit: Audite inquit, gaudia vestra. Sol uxorem voluit ducere; omnis natio interdixit ei, et magno clamore Iovi conviciis non tacuerunt. Iupiter commotus ab illis causas iniurie querit; tunc unus ex illis ait Iovi: Modo sol unus est nobis et esta suo omnia turbat tanto, ut deficiat simul omnis natura; quid nam erit nobis futurum, cum sol filios procreaverit! Admonet, malis hominibus non congratulari.

Die vii fabel von dem dieb und der sunnen.

Was dem menschen von der natur anhanget, das mag im hart benomenn werden, als dise fabel bezüget. Uff ain zyt hetten die nachpuren große fröd und wolnust mit ainem dieb uf syner hochzyt, in hoffnung er würde sich verkeren. Zuo denen kam ain wyser man, und als er sie in fröden sach, sprach er zuo in: Hören zuo. Ich will üch üwere fröden ußlegen. Die sunn wolt sich uf ain zyt vermäheln, das was wider alle land, und warde die gancz welt darumb ungedultig, so vil, das sie ouch den öbristen got Iupiter darumb scheltwort nicht überhuobent. Darumb ward Iupiter zornig, und fraget ursach der scheltwort. Do sprach ainer zuo im: Wir haben iecz nit me wann ain ainige sunnen, die betrübt alle ding mit ierer hicz, so vil, das sich die natur dar von krenket; was sol uns dann künfftig werden, wann die sunn ander sunnen bringen würde? Die fabel zögt, das man sich nit mit den bösen fröwen sol umb syns gelychen zemerren; wann griß schlecht gern nach gramen, ain dieb bringt den andern.

8. Fabula octava, de lupo et grue.

Quicunque malo benefacit, satis peccat, de quo talem audi fabulam. Ossa lupus cum devoraret, unum ex illis in faucibus ei adhesit transversum, graviter eum affligens. Invitavit lupus magno premio, qui ab hoc malo ipsum liberaret, os illud de faucibus extrahendo. Rogabatur grus collo longo, ut prestaret lupo medicinas. Id egit, ut immitteret caput faucibus lupi et os ledens extraheret. Sanus cum esset lupus, rogabat grus promissa sibi premia reddi. At lupus dixisse dicitur: O quam ingrata est grus illa, que caput incolume de nostris faucibus extraxit, nec dentibus meis in aliquo vexatum, et insuper mercedem postulat. Nunquit meis virtutibus facit iniuriam. Hec fabula monet illos, qui malis volunt benefacere.

Die viii fabel von dem wolff und kranch.

Welher den bösen wol tuot, der würt selten belönet; dar von hör dise fabel. Ain wolff verschland ain bain, an dem er große pyn erlaide, wann es im über zwerch in dem schlund was gesteket; der erbot sich großes lones, welher im an dem übel möchte gehelffen. Do ward berüffet der kranch mit dem langen hals, daz er dem wolff hilff bewyset, der selb stieß synen kragen in den schlund des wolffes und zoch im das bain daruß und machet in gesund. Als aber dem wolff geholffenn ward, begeret der kranch, daz im der versprochen lon würde gegeben. Do sagt man wie der wolff spräche: O wie undankbar ist dieser kranch, so er so tief ist in mynen schlund gewesen, und hab ich in ungeleczt von mynen zennen laßen genesen, und begeret dannocht lones von mir, daz doch mynen tugenden schmachlich ist! Dise fabel warnet alle die, die den bösen wellent dienstlich syn oder guotes bewysen.

9. Fabula nona de duobus canibus.

Blanda verba mali hominis graves faciunt iniurias, quas ut omnes vitemus subjecta monet fabula. Canis parturiens rogabat alteram, ut in eius cubiculo exponeret foetum. At illa roganti concessit ingressum, ut partum exponeret; deinde et illa rogabatur, ut cum catulis suis iam firmis exiret, illa vero roganti non concessit. Paulo post ille cepit cubile suum repetere et minando illam ut exiret hortari. At illa ab stomacho sic ait: Quid me turbas cum iniuria? Si mihi meeque turbe occurras et sis fortior nobis, reddam locum tibi. Sic sepe boni amittunt sua per aliorum verba blanda.

Die ix fabel von zweien hunden.

Senftmütige schmaichwort bringent offt den menschen schädliche ungemach. Und darumb daz wir den schmaichern und liebkallern nit uff losen, sonder sie vermyden, seczet Esopus dise fabel. Ain tragende hüntin bat mit senften schmaichenden worten demütiglich ainen hund, das er ir vergündet in synem hüslin ze welffen. Der hund vergündet ir das und wich uß synem huß und ließ sie dar inn. Da das beschach daz sie gewelffet hett und nun die jungen erstarket waren, bat sie der hund uß ze gan und syn hus zerumen, aber sie wolt es nit tuon. Unlang darnach erfordert der hund syn hus mit etwas tröworten bittende; do antwürt im die hüntin ungestümglich: Warumb bekimerst mich unrechtiglich? wilt du je wider mich und myn volk syn oder bist du sterker wann wir, so will ich uß dem hus wychen. Also verlieren offt die fromen ir guot durch schmaichwort und liebkallen der bösen.

11. Fabula xi de asino et apro.

De male ridentibus sapiens talem subicit fabulam. Aliqui homines aliis contumeliosi existunt, sed sibi congerant malum, veluti asinus occurrit apro: Salve, inquit, frater. Indignatus aper tacuit dissimulans, agitavitque caput. Absit, inquit, tamen a me, ut de vano sanguine dentes meos coinquinem, nam oportebit vel iniuriosum vel laceratum relinquere. Monet hec fabula insipientibus parci debere, stultos autem defendere, qui insultare volunt melioribus.

Die xi fabel von dem esel und wilden schwyn.

Von den übermütigen torochten spötigen menschen seczet der wys ain sölliche fabel. Etlich menschen schmächent die andern, dar uß in selber ungemach uff erstat. Als der esel, do er dem wilden schwyn begegnet, sprach er zuo im: Ich grüß dich, bruoder. Daz schwyn ward unwirsch und gab im nit antwürt und verachtet syne wort, und schütet den kopf und gedacht in im selb: Du wilt dyn zen mit dem üppigen bluot nit vermalgen. Wann wa du dich mit im ynlegtest, so müstest aintweders in scheltenden oder zerrißnen hinder dir laßen und ist beßer den toren über hören. Dise fabel leret die menschen, daz man den toren vertragen sol und die narren beschirmen, die den wysen törlichen zuoredent.

12. Fabula xii de duobus muribus.

Securum in paupertate milius esse quam divitem tedio macerari, par hanc brevem auctoris probatur fabulam. Mus urbanus iter agebat sicque a mure agrario rogatus hospitio suscipitur, et in eius brevi casella ei glandes et ordeum exhibuit. Deinde abiens mus itinere perfecto murem agrarium rogabat, ut etiam ipse secum pranderet, factumque est dum simul transirent, ut ingrederentur domum honestam in quoddam cellarium bonis omnibus refectum. Cum hec mus muri ostenderet, sic ait: Fruere mecum, amice, de hiis que nobis quottidie superant. Cumque multis cibariis vescerentur, venit cellerarius festinans et ostium cellarii impulit; mures strepitu territi fugam per diversa petiere. Mus urbanus notis cavernis cito se abscondit. At miser ille agrarius fugit per parietes ignarus morti se proximam putans. Dum vero cellerarius exiret celare ostio clauso, sic mus urbanus agrario dixit: Quid te fugiendo turbasti? fruamur amice bonis his ferculis omnibus! nil verearis nec timeas, periculum namque nullum est nobis. Agrarius hec contra: Tu fruere his omnibus, qui nec times nec pavescis, nec te quottidiana terret turbatio; ego vivo frugi in agro ad omnia letus. Nullus me terret timor, nulla mihi corporis perturbacio. At tibi omnis sollicitudo et nulla est securitas, a tensa teneris muscipula, a catto captus comederis, ac infestus ab omnibus exosus haberis. Hec fabula illos increpat, qui se iungunt melioribus, ut aliquo bono fruantur, quod ipsis a natura datum non est, diligant ergo vitam homines frugalem ipsis a natura datam, et securiores in casellis vivent.

Die xii fabel von zwaien müsen.

Vil beßer ist in armuot sicher leben, wann in richtung durch forcht und sorgfeltikait verschmorren, als durch dise kurcze fabel Esopi wart bewyset. Ain husmus gieng über feld und ward von ainer feldmus gebetten, by ir ze herbergen. Von der sie ward wol und schon in ir klaines hüslin enpfangen, und mit aicheln und gersten gespyset. Als sie aber von dannen schiede und ieren weg volbracht, wider haim in ir hus kerend, bat sie die feldmus, mit ir zegaun, und das mal ouch mit ir ze niemen. Das beschach, und giengen mit ainander in ain schön herlich hus, in ainen keller, dar inn aller hand spys behalten was. Die zöget die mus der mus und sprach: Fründ, nun bruch diser guoten spys nach dynem willen; deren hab ich täglich überflüßig. Als sy aber mangerlay spys genoßen hetten, do kam der keller ylend geloffen und rumpelt an der tür. Die müs erschrakent und wurden fliehen, die husmus in ir erkantes loch; aber der feldmus warend die löcher unerkant und wiste nit ze fliehen, wann allain die wend uff und ab ze louffen, und hette sich ieres lebens verwegen. Do aber der schaffner uß dem keller kam und die tür beschloßen hett, sprach die husmus zuo der andern: Warum betrübst du dich selber mit dynem fliehen, lieber fründ? Laß uns eßen und wol leben mit der guoten spys, wann hie ist kain sorg; fürcht dir nit, sonder biß wol gemuot. Antwürt die feldmus: Behalt dir dyne spys, bruch sie nach dynem willen; wann du hast weder sorg noch angst, dich bekümern ouch die täglich trübseli nit; so leb ich wol und mäßlich uff dem acker, frölich zuo allen dingen, kain sorg bekrenket mich, kain trübsäli des lybes, so bist du allweg sorgfältig, und haust kain sicherhait; dir synt allweg fallen gericht, dich ze fahen, die kaczen durchächten dich zuo allen zyten, und bist iere spys on widerstand, und von menglichem gehaßet. Dise fabel straffet die lüt, die sich zuo andern höhern menschen gesellent, daz sie etwas von inen erlangen mügen, das in doch von dem gelükrad nicht bescheret ist. Darumb söllent die menschen das gemachsam ruowig leben erwelen umb merer sicherhait in ieren armen hüslin ze behalten, und nit begeren daz ieren naturen nit zuo gehört noch gewonlich ist.

15. Fabula xv de corvo et vulpe.

Qui se laudari gaudent verbis subdolis decepti penitent. De quo hec est fabula. Cum de fenestra corvus caseum raperet, alta consedit in arbore. Vulpes, ut hunc vidit, caseum habere cupiens subdolis verbis sic eum alloquitur: O corve, quis similis tibi, et pennarum tuarum qualis est nitor, qualis esset decor tuus, si vocem habuisses claram, nulla tibi prior avis fuisset. At illa vana laude gaudens dum placere vult et vocem ostendere validius clamavit, et ore aperto oblitus casei ipsum deiecit. Quem vulpes dolosa celerius rapuit et avidis suis dentibus abrodit. Tunc corvus ingemuit, ac vana laude deceptus penituit, sed post factum quid penitet. Monet autem hec fabula cunctos verbis subdolis vaneque laudantibus non attendere.

Die xv fabel von dem rappen mit dem käs und fuchsen.

Welche den schmaichern und den liebkallern gerent ierer wort ufflosen, die werdent betrogen, und rüwig darum syn, als dise fabel ußwyset. Ain rapp nam ainen käs in ainem fenster und füret in uf ainen hohen boum. Do das ain fuchs ersach, ward er des käs begirig, und sprach im zuo schmaichend mit lobworten: O rapp, welher ist dir gelych! Nun hat doch kain vogel sölichen schyn der federn als du hast. Kain zierlicher vogel möchte erfunden werden, wann du nun ain stimm hettest, dyner schöny gelyche; aber dyne stimm ist ze grob. Der rapp fröwet sich des üppigen falschen lobes und wolt sich gefälliger machen und syn stimm größer erzaigen. Er rekt sich und schry kreftiglich. Als er aber den schnabel uf tett, enpfiel im der käs; denselben ergrif der böslistig fuchs behendiglich und fraß in. Do ward der rapp rüwig und merket erst, daz alle süße wort des fuchs in list und untrüw warent beschenhen. Darum warnet dise fabel menglich vor den schmaichern und liebkallern.

Steinhöwel-Luther-Synopse

Steinhöwel	*Luther*
1. Hahn und Perle	1. Hahn und Perle (Torheit)
2. Wolf und Lamm	2. Wolf und Lamm (Haß)
3. Maus, Frosch und Weiher	3. Frosch und Maus (Untreue)
4. Hund und Schaf	4. Hund und Schaf (Neid)
5. Hund und Fleisch	5. Hund und Fleisch (Geiz)
6. Löwe, Rind, Geiß und Schaf	6. Löwe, Rind, Ziege und Schaf (Frevel, Gewalt)
6. Löwe, Esel und Fuchs	7. Löwe, Fuchs und Esel
7. Dieb und Sonne	8. Dieb
8. Wolf und Kranich	9. Kranich und Wolf
9. Zwei Hunde	10. Hund und Hündin
10. Mann und Schlange	11. – fehlt –
11. Esel und Wildschwein	12. Esel und Löwe
12. Zwei Mäuse	13. Stadtmaus und Feldmaus
13. Adler und Fuchs	14. – fehlt –
14. Adler, Schnecke und Krähe	15. – fehlt –
15. Rabe und Fuchs	16. Rabe und Fuchs
16. Löwe, Eber, Stier und Esel	
17. Esel und Hund	
18. Löwe und Maus	
19. Zwei Weiher	
20. Schwalbe und andere Vögel	

Luthers Übersetzung alttestamentlicher Fabeln

Die Fabel Jothams

(Richter 9,6-15)

[6]Vnd es versamleten sich alle menner von Sichem, vnd das
gantze haus Millo giengen hyn vnd machten Abi Melech zum
könige, bey den geraden eychen, die zu Sichem stehen.
[7]Da das angesagt wart dem Jotham, gieng er hyn vnd tratt
auff die höhe des bergis Grisim, vnd hub auff seyne stym, rieff
vnd sprach Horet mich yhr menner zu Sichem, das euch Gott
auch höre. [8]Die bewme giengen hyn das sie eynen könig vber
sich salbeten vnd sprachen zum ölebaum, sey vnser könig.
[9]Aber der ölebaum antwortet yhn, Soll ich meyn fettikeyt las-
sen, die beyde Gott vnd menschen an myr preysen, vnd hyn
gehen das ich schwebe vber die bewme? [10]Da sprachen die
bewme zum feygenbaum, kom du vnd sey eyn könig vber vns,
[11]Aber der feygenbaum sprach zu yhn. Soll ich meyne sussi-
keyt vnd meyne gutte früchte lassen, vnd hyn gehen, das ich
über den bewmen schwebe? [12]Da sprachen die bewme zum
weynstock, kom du vnd sey vnser könig. [13]Aber der weyn-
stock sprach zu yhnen. Soll ich meynen most lassen der gott
vnd menschen frolich macht, vnd hyn gehen das ich vber den
bewmen schwebe? [14]Da sprachen alle bewme zum dorn-
pusch, kom du und sey könig vber vns. [15]Vnd der dornpusch
sprach zu den bewmen, Jsts war, das yhr mich zum könige
salbet vber euch, so kompt vnd vertrawet euch unter meynen
schatten. Wo nicht, so gehe feur aus dem dornpusch vnd ver-
zehre die cedern Libanon.

Die Fabel des Joas

(2. Könige 14,8-12)

8 Da sandte Amazja Boten zu Joas dem son Joahas des sons
Jehu dem könige Jsrael, vnd lies jm sagen, Kom her, las vns
mit einander besehen.[1] Aber Joas der könig Jsrael sandte zu
Amazja dem könige Juda, vnd lies jm sagen, Der Dornstrauch
der in Libanon ist, sandte zum Cedern im Libanon, vnd lies
jm sagen, Gib deine Tochter meinem Son zum weib. Aber das
Wild auff dem felde im Libanon, lieff vber den Dornstrauch
vnd[2] [zertrat ihn. 10 Du] hast die Edomiter geschlagen, des
erhebt sich dein hertz, habe den rhum vnd bleyb daheymen,
warumb ringestu nach vngluck das du fallest vnd Juda mit
dyr?
11 Aber Amazia gehorchet nicht, Da zoch Joas der konig
Jsrael erauff, vnd sie besahen sich miteynander, er vnd Ama-
zia der konig Juda zu Beth-Semes die ynn Juda ligt. 12 Aber
Juda ward geschlagen fur Jsrael, das eyn iglicher floh ynn
seyne hutten,

[1] miteinander fechten, die Kräfte im Kampf messen. [2] hier fehlt in der WA und muß ergänzt werden: zertrat ihn. 10 Du.

11 *Lukas Cranach d. Ä., David und Bathseba. 1535.*

Die Fabel vom geraubten Schäfchen

(2. Samuel 12,1-15)

Vnd der herr sandte Nathan zu Dauid. Da der zu yhm kam. sprach er zu yhm·, Es waren zween menner ynn eyner stad· eyner reich der ander arm. Der reich hatte seer viel schaff vnd rinder, aber der arme hatte nichts denn eyn eynigs kleyns schefflin das er kaufft hatte vnd er neeret es das es gros wart bey yhm vnd bey seynen kindern zu gleich. Es asß von seynen bissen vnd tranck von seynem becher vnd schlieff ynn seynem schos. vnd er hielts wie eyn tochter. Da aber dem reichen man eyn gast kam· schonet er zu nemen von seynen schaffen vnd rindern das er dem gast ettwas zu richten der zu yhm komen war vnd nam das schaff des armen mans vnd richtet zü dem man der zu yhm komen war.

Da ergrymmet Dauid mit grossen zorn widder den man vnd sprach zu Nathan· so war der herr lebt. der man ist eyn kind des todts der das than hat. Datzu soll er das schaff vierfeltig bezalen. darumb das er solchs than vnd nicht geschonet hat. Da sprach Nathan zu Dauid Du bist der man. So spricht der herr der Gott Jsrael. Ich habe dich zum konige gesalbet vber Jsrael · vnd hab dich erredtet aus der hand Saul. vnd hab dyr deyns herrn haus geben datzu seyne weyber ynn deynen schos, vnd habe dyr das haus Jsrael vnd Juda geben. Vnd ist das zu wenig. will ich noch dis vnd das datzu thun, Warumb hastu denn das wortt des herrn veracht. das du solchs vbel fur seynen augen thettist? Urian den Hethiter hastu erschlagen mit dem schwerd, seyn weyb hastu dyr zum weybe genomen, yhn aber hastu erwurget mit dem schwerd der kinder Ammon.

Nu so soll von deynem hauße das schwerd nicht lassen ewiglich, darumb, das du mich verachtet hast· vnd das weyb Uria des Hethiters genomen hast· das sie deyn weyb sey, So spricht der herr· Sihe· ich will vngluck vber dich erwercken aus deynem eygen hauße·, vnd will deyne weyber nemen fur deynen augen vnd will sie deynem nehisten geben. das er bey deynen weybern schlaffen soll an der hellen sonnen, Denn du hasts heymlich gethan, ich aber will diß thun fur dem gantzen Jsrael vnd an der sonnen.

Da sprach Dauid zu Nathan· Ich hab gesundiget widder den herrn. Nathan sprach zu Dauid. So hatt auch der herr deyne sund weg genomen. du wirst nicht sterben. Aber weyl du die feynde des herrn hast dürch diße geschicht lestern gemacht. wirt der son der dyr geporn ist. des tods sterben .. Vnd Nathan gieng heym.

Das Weinberglied

(Jesaja 5,1-7)

1 WOlan, Jch wil meinem Lieben ein Lied meines Vettern
singen, von seinem Weinberge.

MEin Lieber hat einen Weinberg, an einem fetten Ort.
2 Vnd er hat jn verzeunet, vnd mit Steinhauffen verwaret, vnd
edle Reben drein gesenckt. Er bawete auch einen Thurm drin-
nen, vnd grub eine Kelter drein. Vnd wartet das er Drauben
brechte, Aber er brachte Heerlinge[1]. 3 Nu richet jr bürger zu
Jerusalem, vnd jr menner Juda, zwischen mir vnd meinem
Weinberge. 4 Was solt man doch mehr thun, an meinem
Weinberge, das ich nicht gethan habe an jm? Warumb hat er
denn Heerlinge gebracht, da ich wartet das er Drauben
brechte.

12 *Weinberg*

5 WOlan, ich wil euch zeigen, was ich meinem Weinberge
thun wil. Seine Wand sol weggenomen werden, das er verwü-
stet werde, vnd sein Zaun sol zurissen werden, das er zutret-
ten werde. 6 Jch wil jn wüste ligen lassen, das er nicht geschnit-
ten noch gehackt werde, Sondern Disteln vnd Dornen drauff
wachsen, Vnd wil den Wolcken gebieten, das sie nicht drauff
regenen. 7 Des HERRN Zebaoth Weinberg aber ist das haus
Jsrael, und die menner Juda seine zarte Feser[2]. Er wartet auff
Recht, Sihe, so ists schinderey, Auff Gerechtigkeit, Sihe, so
ists Klage.

[1] Trauben, die nicht reif werden. [2] Pflanzung.

Luthers Fabeln

Löwe und Esel

Ein newe fabel Esopi, newlich verdeudscht gefunden, vom Lawen und Esel.

DEr alte lawe ward kranck und foddert alle thier zu sich, seinen letzsten reichstag zuhalten und seinen erben, den iungen lawen, an seine stat zum könige zusetzen. Die thier kamen gehorsamlich, namen des alten lawen letzen willen an, Als aber der allte lewe starb und herrlich bestattet ward, wie sichs eim könige gebürt, thetten sich etlich untrew, falsche rethe des alten königs erfür, welchen doch der alte könig viel guts gethan und zu grossen ehren geholffen hatte, die suchten nu ein freyes leben zuhaben und nach yhrem gefallen ym reich zu regieren und wolten keinen lewen mehr zum könige haben und sprachen auch: ›Nolumus hunc regnare super nos‹[1], zeigten an, wie ein grawsam regiment die lewen bisher gefürt hetten, wie sie die unschüldigen thier zurissen und fressen, das niemand sicher für yhn sein kündte, wie es denn zugeschehen pflegt, das man alles guten schweigt und allein das ergest redet von den öberherrn.

Es ward aus solcher rede ein gros gemürmel unter allen stenden des reichs, etliche wolten den iungen lewen behalten, Aber das mehrerteil wolten ein andern auch versüchen, Zuletzt foddert man sie zusamen, das man nach der meisten volwort welen solt und die sachen stellen, Da hatten die falschen, untrew rethe den fuchs zum redener gemacht, der das wort thun solt fur des reichs stenden und seine instruction und unterricht gegeben, wie er solt den Esel furschlahen, Es war zum ersten zwar dem fuchs selbs lecherlich, das ein esel solt könig sein, Aber da er höret yhr bedencken, wie frey sie kündten unter dem Esel leben und möchten yhn regieren, wie sie wolten, lies yhm der schalck solchs gefallen und halff trewlich dazu, fasset die sach, wie er sie wolt hübsch fürbringen.

Und trat auff fur des reichs stenden, rüspert sich und hies stilschweigen, fing an zu reden von des reichs not und schweren sachen, treyb aber die gantze rede dahin, das der könige schuld gewest were und macht das lewen geschlecht so zu nicht, das der hauffe gantz abfiel, Da aber ein grosser zweifel ward, welches thier zuwelen sein solt, hies er abermal schweigen und hören und gab des esels geschlecht für und bracht wol eine stunde zu uber dem esel loben, wie der esel nicht stoltz noch tyrannisch were, thet viel erbeit, were gedültig und demütig, lies ein ander thier auch etwas sein und stünde nicht viel zuhalten, were auch nicht grawsam, fresse die thier nicht, lies yhm an geringer ehre und zinse benügen, Als nu der fuchs mercket, das solchs den pöfel kützelt und wol gefiel, da thet er den rechten zusatz und sprach: Uber das, lieben herrn, haben wir zubedencken, das er villeicht auch von Gott dazu verordent und geschaffen sey, das künd man wol daran mercken, das er ein creutz ewiglich auff dem rücken tregt.

Da der fuchs des creutzs gedacht, entsatzten sich dafur alle stende des reichs, fielen zu mit grossem schall: Nu haben wir den rechten könig funden, welcher kan beide, weltlich und geistlich regiment, verwesen, Da preiset ein iglicher etwas am esel, Einer sprach, Er hette feine lange ohren, die weren gut zum beicht höre, Der ander sagt, Er hette auch eine gute stymme, die wol töchte ynn die kirchen zu predigen und zu singen, Da war nichts am gantzen esel, das nicht königlicher und Bepstlicher ehren werd were, Aber fur allen andern tügenden leuchtet das creutze auff dem rücken, Also ward der Esel zum könige unter den thieren erwelet.

Der arme iunge lewe gieng elende und betrübt als ein verstossen wayse aus seinem erblichen reich, Bis das sich etliche alte trew frome rethe, den solcher handel leyd war, sein erbarmeten, Und besprachen sich, wie es ein lesterliche untugent were, das man den iungen könig so schendlich solte lassen verstossen sein, Sein vater hette solchs nicht umb sie verdienet, Es müste auch nicht gehen ym reich, wie der fuchs und

13 *Papstesel*

seine gesellen wolten, die yhren mutwillen und nicht des reichs ehre suchten, Sie ermanneten sich und baten die reichsstende zusamen, sie hetten etwas nötigs furzubringen, Da trat der eltest auff, das war ein alter Hund, ein trewer rad des alten lewens, und erzelet mit schöner rede, wie solche wahl des Esels were zu iach und ubereilet und dem lewen grosses unrecht geschehen, Es müste nicht alles golt sein, was da gleisset, Der Esel, ob er schön das creutz auff dem rücken trüge, kündte wol ein schein und nichts dahinden sein, wie alle welt durchs gleissen und guten schein betrogen wird, Der lewe hette seiner tugent viel mit der that beweiset, der esel aber hette keine that beweiset, Darümb sie solten wol zusehen, das sie nicht einen könig erweleten, der nicht mehr denn ein geschnitzt bilde were, welchs auch wol ein creutz tragen kündte, Und wo ein krieg sich erhübe, wüsten sie nicht, was sie das eitel creutz helffen künd, wo nicht mehr dahinden were.

Solche ernste, dapffer rede des hundes bewegte Er omnes, Dem fuchs und den untrewen rheten ward bange, gaben fur, Was ym reich beschlossen were, solt bleiben, Aber es bewegt gleich wol den hauffen, das der Esel nie nichts mit der that beweiset hette und möcht das creutz sie wol betrogen haben und kundten doch mit der walh nicht zurücke, Endlich, da der hund auff die that und auff den falschen schein des creutzs so hart drang, ward durch seinen furschlag bewilligt, das der esel solte mit dem lewen umb das reich kempffen, Welcher gewünne, der solt konig sein, Sie kundtens ytzt nicht anders machen, weil die walh ym reich geschehen were. Da kreig der iunge lewe widder ein hertz und alle frome unterthan grosse hoffnung, Aber der fuchs hieng den schwantz mit seinen gesellen, versahen sich nicht viel ritterlichs kampffs zu yhrem newen könige, Es wolte denn fartzens gelten odder distel fressens, Der kampfftag ward bestympt und kamen alle thier auff den platz, Der fuchs hielt fest bey dem Esel, der hund bey dem lawen.

Den kampff lies der esel den lewen welen, Der lawe sprach: Wolan, Es gilt, wer uber diesen bach springet, das er keinen fuss nass machet, der sol gewonnen haben, Es war aber ein grosser bach, der lewe holet aus, sprang uberhin, wie ein vogel uberhin flöge, Der esel und fuchs dachten: Wolan wir sind zuvor auch nicht könige gewest, Wogen gewinnet, wogen verleuret, Er must springen Und sprang platzsch mitten ynn den bach, wie ein bloch hinein fiele, Da sprang der lewe herümb am ufer und sprach: Ich meyne ia, der fuss sey nass. Aber nu sihe doch, was glück und list vermag, Dem Esel hatte sich ein klein fischlin ym ohre unter dem wasser verwirret und verfangen, Als nu der Esel aus dem bach kroch, und die thier sich des sprungs wol zulacht hatten, sihet der fuchs, das der Esel den fisch aus dem ohre schüttelt und hebt an und spricht: Nu schweigt und höret.

Wo sind sie nu, die das creutze verachten, das es keine that künne beweisen? Mein herr könig Esel spricht, Er hette auch wol wollen uber den bach springen, Aber das were yhm eine schlechte kunst gewest, seins creutzs tugent zubeweisen, so es der lewe und ander thier wol on creutze thun, Sondern er sahe ym sprunge ein fischlin ym bach, da spranck er nach, und das seins creutzs wunder deste grösser were, wolt ers nicht mit dem maul oder pfoten, sondern mit den ohren fahen, Solches last den lewen auch thun, und sey darnach könig, Aber ich halt, er solt mit maul und allen vieren klawen nicht einen fisch fahen, wenn er gleich darnach gienge, schweige denn, wenn er sprünge, Der fuchs macht mit solchem geschwetz abermal ein getümel, und das Creutz wolt schlecht gewinnen. Den hund verdros das glück ubel, aber viel mehr, das der falsche fuchs mit seinem fuchschwentzen den hauffen also narrete, fieng an zu bellen, es were schlumps[2] also geraten und kein wunder, Damit aber nicht ein auffrur wurde durch das gebeysse des fuchs und hunds, wards fur gut angesehen, das der lewe und esel alleine an einen ort giengen und daselbst kempffeten.

14 *Esel als König*

Sie zogen hin zu einem holtz yns reichs geleit und fride. Es gilt, sprach der lawe, Welcher das behendeste thier fehet. Und er lieff zum holtze hinein und iagt, bis er einen hasen fehet, Der faule Esel dacht: Es wil mich das reich zuviel mühe kosten, solt wol keinen fride haben mit der weise, legt sich auff den platz nidder ynn der sonnen und lechet mit der zungen eraus fur grosser hitze, So kömpt ein rabe und meynet, Es sey ein ass, setzt sich auff seine lippen und wil essen, Da schnapt der Esel zu und fehet den raben, Da nu der lewe kömpt frölich gelauffen mit seinem hasen, findet er den raben yns esels maul und erschrickt, kurtz, Es war verloren, und begynnet yhm nu selbs zu grawen fur dem creutz des Esels, Doch verlies er das reich nicht gerne und sprach: Lieber Esel, Es gilt noch eines umb guter gesellen willen, aller guten ding sollen drey sein, Der Esel thets wol die helfft aus furcht, weil er allein mit yhm war und nam es an.

Der lewe sprach: Jensid dem berge ligt eine müle, Wer am ersten dahin kömpt, sol gewonnen haben, Wiltu unden hin odder uber den berg lauffen? Der Esel sprach: lauff du uber den berg, Der law, als ym letzten kampff, lieff, was er leibs lauffen kundte, Der Esel bleyb still stehen und dacht: Ich werde doch zum spot und mache mir müde beyne, so ich lauffe, so mercke ich wol, der lewe günnet mir doch der ehre nicht, so wil ich auch nicht umb sonst erbeiten, Als der lewe uber den berg kömpt, so sihet er einen Esel fur der müllen stehen, Ey, spricht er, hat dich der Teuffel bereit her gefüret, Wolan, noch ein mal zurück an unsern ort, Da er aber widderüber kömpt, sihet er den Esel aber da stehen, Zum dritten mal auch sprach er: Widder zur mülen, Da sihet er zum dritten mal den Esel da stehen, Und must dem Esel gewonnen geben und bekennen, das mit dem Creutz nicht zuschertzen ist, Also bleyb der Esel könig und regieret sein geschlecht bis auff diesen tag gewaltiglich ynn der welt unter den THIEREN.

[1] Wir wollen nicht, daß dieser über uns regiert. [2] unversehens, zufällig.

Vom Paradiesgarten

Luthers Brief an seinen Sohn Hans

Meinem hertzlieben Son Hensichen Luther zw Wittemberg

G. vnd f. in Christo! Mein hertzlieber Son, Ich sehe gern, das du wol lernest vnd vleissig bettest. Thue also, mein Son, vnd fhare fort. Wenn ich heim kome, so wil ich dir ein schon Jarmarckt mit bringen. Ich weis ein hubschen, schonen lustigen Garten. Da gehen viel Kinder jnnen, haben guldene Rocklin an vnd lesen schone Öpffel unter den Beumen vnd Birnen, Kirsschen, spilling vnd pflaumen, singen, springen vnd sind frolich. Haben auch schone kleine Pferdlin mit gulden zeumen vnd silbern Setteln. Da fragt ich den Man, des der Garten ist, Wes die Kinder weren? Da sprach er: Es sind die Kinder, die gern beten, lernen vnd from sein. Da sprach ich: Lieber Man, Ich hab auch einen Son, heisst Hensichen Luther, Mocht er nicht auch in den Garten komen, das er auch solche schone Opffel vnd Birne essen mochte vnd solche feine Pferdlin reiten vnd mit diesen Kindern spielen? Da sprach der Man: Wenn Er gerne bettet, lernet vnd from ist, So sol er auch in den Garten komen. Lippus vnd Jost auch. Vnd wenn sie allzusamen komen, so werden sie auch pfeiffen, Paucken, lauten vnd allerley andere Seitespiel haben, auch tantzen vnd mit kleinen Armbrüsten schiessen. Vnd er zeigt mir dort eine feine wiesen im Garten, zu tantzen zugericht, da hiengen eitel guldene pfeiffen vnd Paucken vnd feine silberne Armbruste. Aber es war noch frue, das die Kinder noch nicht gessen hatten, darumb kundte ich des Tantzes nicht erharren, vnd sprach zu dem Man: Ah, lieber HErr, Ich wil flux hingehen vnd das alles meinem lieben Son Hensichen schreiben, das er ia vleissig lerne, wol bete vnd from sey, auff das Er auch in diesen Garten kome. Aber er hat eine Müme Lene, die mus er mit bringen. Da sprach der Man: Es sol ia sein, Gehe hin vnd schreibs im also.

Darumb, lieber Son Hensichen, lerne vnd bete ia getrost vnd sage es Lippus vnd Justen auch, das sie auch lernen vnd beten, So werdet ir mit ein ander in den Garten komen. Hie mit bis dem lieben Gott befolhen vnd grusse Mume Lenen vnd gib ir einen Bus[1] von meinet wegen. Dein lieber Vater Martinus Luther.

[1] Kuß.

Vom Reichstag der Dohlen und Krähen

Luthers Brief an die Wittenberger Tischgesellen

Gnade und Friede in Christo! Lieben Herren und Freunde! Ich hab Euer aller Schreiben empfangen und, wie es allenthalben zustehet, vernommen. Auf daß Ihr wiederumb vernehmet, wie es hie zustehet, füge ich Euch zu wissen, daß wir, nämlich ich, Magister Veit und Cyriacus, nicht auf den Reichstag gen Augsburg ziehen: wir sind aber sonst wohl auf einen andern Reichstag kommen.

Es ist ein Rubet gleich für unserm Fenster hinunter, wie ein kleiner Wald, da haben die Dohlen und Krähen einen Reichstag hingelegt; da ist ein solch Zu- und Abreiten, ein solch Geschrei Tag und Nacht ohne Aufhören, als wären sie alle trunken, voll und toll; da keckt Jung und Alt durch einander, daß mich wundert, wie Stimm und Odem so lang währen möge. Und möcht gerne wissen, ob auch solches Adels und reisigen Zeugs auch etliche noch bei Euch wären; mich dünkt, sie seien aus aller Welt hieher versammlet.

Ich hab ihren Kaiser noch nicht gesehen, aber sonst schweben und schwänzen der Adel und großen Hansen immer für unsern Augen: nicht fast köstlich gekleidet, sondern einfältig in einerlei Farbe, alle gleich schwarz, und alle gleich grauaugig; singen alle gleich einen Gesang, doch mit lieblichem Unterscheid der Jungen und der Alten, Großen und Kleinen. Sie achten auch nicht der großen Palast und Saal, denn ihr Saal ist gewölbet mit dem schönen weiten Himmel, ihr Boden ist eitel Feld, getäfelt mit hübschen grünen Zweigen, so sind die Wände so weit als der Welt Ende. Sie fragen auch nichts nach Rossen und Harnisch, sie haben gefiederte Räder, damit sie auch den Büchsen empfliehen und eim Zorn entsitzen[1] können.

Es sind große, mächtige Herren: was sie aber beschlie-

15 *Taube und Krähe*

ßen, weiß ich noch nicht. So viel ich aber von einem Dolmetscher habe vernommen, haben sie für einen gewaltigen Zug und Streit wider Weizen, Gersten, Hafern, Malz und allerlei Korn und Getreidig, und wird mancher Ritter hie werden und große Taten tun.

Also sitzen wir hie im Reichstag, hören und sehen zu mit großer Lust und Liebe, wie die Fürsten und Herrn sampt andern Ständen des Reichs so fröhlich singen und wohlleben. Aber sonderliche Freude haben wir, wenn wir sehen, wie ritterlich sie schwänzen, den Schnabel wischen und die Wehr stürzen, daß sie siegen und Ehre einlegen wider Korn und Malz. Wir wünschen ihnen Glück und Heil, daß sie allzumal an einen Zaunstecken gespießet wären.

Ich halt aber, es sei nichts anders denn die Sophisten und Papisten mit ihrem Predigen und Schreiben, die muß ich alle auf eim Haufen also für mir haben, auf daß ich höre ihre liebliche Stimme und Predigten und sehe, wie sehr nützlich

Volk es ist, alles zu verzehren, was auf Erden, und dafür kekken für die lange Weil.

Heute haben wir die erste Nachtigall gehöret; denn sie hat dem April nicht wöllen trauen. Es ist bisher eitel köstlich Wetter gewest, hat noch nie geregnet, ohne gestern ein wenig. Bei Euch wird's vielleicht anders sein. Hiemit Gott befohlen, und haltet wohl Haus. Aus dem Reichstag der Malztürken, den 28. Apr., Anno 1530.

Martinus Luther, D.

[1] standhalten.

Die Klageschrift der Vögel

Luthers Brief an seinen Diener Wolfgang Sieberger

Eine Schrifft oder Klage der Vogel an D. Martinum Luthern uber Wolffgang Siberger seinen Diener.

Unserm gunstigen Herrn Doctori Martino Luther, Prediger zu Witenberg.

Diesen Brieff hat d. Mart. Luther selber gestellet und geschrieben, seinen Diener Wolffgang damit zu plagen und zu spotten, seines zugerichten Vogelheerds halben zu Witenberg.

WJr Drosseln, Amseln, Fincken, Henffling, Stiglitzen, sampt andern fromen, erbarn Vogeln, so diesen Herbst uber Witenberg reisen sollen, fügen ewer Liebe zu wissen, wie wir gleublich berichtet werden, das einer genant Wolffgang Siberger, ewer Diener, sich unterstanden habe einer grossen frevenlicher turst[1] und etliche alte verdorbene Netze aus grossem zorn und hass uber uns tewer gekaufft, damit einen Finckenherd anzurichten, Und nicht allein unsern lieben Freunden und Fincken, sondern auch uns allen die freiheit, zufliehen in der lufft und auff erden körnlin zu lesen, von Gott uns gegeben, zu wehren furnimet[2], Dazu uns nach unserem leib und leben stellet, so wir doch gegen jm gar nichts verschuldet noch solche ernstliche und geschwinde turst[3] umb jn verdienet. Weil denn das alles, wie jr selbs könt bedencken, uns armen freien Vogeln (so zuvor weder Scheune noch Heuser noch etwas drinnen haben) eine fehrliche und grosse beschwerung, ist an euch unser demütige und freundliche bitte, jr wollet ewern Diener von solcher turst weisen oder, wo das nicht sein kan, doch jn dahin halten, das er uns des abends zuvor strawe körner auff den Herd und morgens fur acht uhr nicht auffstehe und auff den Hert gehe, so wollen wir denn unsern Zug uber Witenberg hin nemen. Wird er das nicht thun, sondern uns also frevenlich nach unserm leben stehen, so wollen wir Gott bitten, das er jme stewere und er des tages auff dem Herde Frösche, Hewschrecken und Schnecken an unser stat fahe und zu nacht von Meusen, Flöhen, Leusen, Wantzen uberzogen werde, damit er unser vergesse und den freien flug uns nicht wehre. Worumb gebraucht er solchen zorn und ernst nicht wider die Sperling, Schwalben, Elstern, Dolen, Raben, Meuse und Ratten, welche euch doch viel leids thun, stelen und rauben und auch aus den Heusern Korn, Hafern, Maltz, Gersten etc. endtragen[4], welchs wir nicht thun, sondern allein das kleine bröckelin und einzelen verfallen[5] körnlin suchen. Wir stellen solche unsere sachen auff rechtmessige vernunfft, ob uns von jm nicht mit unrecht so hart wird nachgestellet. wir hoffen aber zu Gott, weil unser Brüder und Freunde so viel diesen

16 *Vogelherd*

Herbst fur jme blieben und jm entflohen sind, wir wollen auch seinen losen und faulen[6] Netzen, so wir gestern gesehen, entfliehen. Gegeben in unserm Himlischen sitz unter den Beumen, unter unserm gewönlichen Sigel und Feddern.

Sehet die Vogel unter dem Himel an, sie seen nicht, sie erndten nicht, sie samlen nicht in die Schewren, und ewer Himlischer Vater neeret sie doch. Seid jr denn nicht viel mehr denn sie? Matth. 6.

[1] Willkür. [2] plant. [3] böse Willkür. [4] forttragen. [5] bei Seite gefallene. [6] verfaulten, unbrauchbaren.

Der Abgott Sauf

Es mus aber ein jglich land seinen eigen Teufel haben, Welschland seinen, Franckreich seinen. Unser Deudscher Teufel wird ein guter weinschlauch sein und mus Sauff heissen, das er so dürstig und hellig ist, der mit so grossem sauffen weins und biers nicht kan gekület werden. Und wird solcher ewiger durst und Deudschlands plage bleiben (hab ich sorge), bis an den Jüngsten tag. Es haben gewehret Prediger mit Gottes wort, Herrschafften mit verbot, der Adel etliche selbs unternander mit verpflichten. Es haben gewehret und wehren noch teglich gros grewliche schaden, schande, mord und alles unglück, so an leib und seele geschehen fur augen, die uns billich solten abschrecken. Aber der Sauff bleibt ein allmechtiger Abgott bey uns Deudschen und thut wie das Meer und die Wassersucht. Das Meer wird nicht vol von so viel wassern, die drein fliessen, Die Wassersucht wird von trincken dürstiger und erger. Syrach spricht, Der wein sey geschaffen (wie auch der hundert und vierde Psalm sagt), das der mensch

17 *Lukas Cranach d. Ä., Drei Kurfürsten von Sachsen: Friedrich der Weise, Johann der Beständige, Johann Friedrich der Großmütige.* 1532-1535.

frölich davon werde und das leben stercke. So macht der Sauff uns toll und thöricht damit, schencket uns den tod und allerley seuche und sunde damit ein. Nu, es ist hie nicht zeit noch raum von dem sewischen Abgott Sauff zu reden. Er bezalet zwar seine trewe diener zu letzt auch gar redlich, das sie es fülen.

Der Brühschenk

Ich habe offt von Keiser Fridrich dem dritten hören sagen, wie den Fürsten im Reich sein haushalten nicht gefallen und geklagt haben, das er zu Hofe habe lassen regirn den Brüheschencken. Darauff habe er ein mal geantwort: Ja, Es ist gewislich jr keiner, Er hat auch einen Brüheschencken an seinem Hofe. Man merckt aus dem und andern stücken viel, das dem selben Keiser Fridrich warlich an Weisheit, vernunfft und macht nicht gefeilet hat, Aber der mut und gedancken, die es thun solten, waren jm von Gott nicht gegeben. Were er ein Mathiaske gewesen, der hette Brühe schencken mit frue und abend schencken auff einen hauffen gestossen und were jm dennoch hinaus gegangen. Darumb, weil er der Wunderman nicht war, der einen newen Peltz machen kundte, muste er an dem alten bösen Peltze flicken und pletzen, so viel er kundte, das ander lassen gehen und Gotte lassen machen.

Der Knecht mit den drei Amseln

Also im haushalten, wenn knechte und megde thun, was sie gut dunckt, lassen aber anstehen, was man sie heisst, wollen dennoch wolgethan haben. Die selben zieren ein haus fein und ist gantz ein nützlich, holdselig gesinde. Ja, wie der knecht mit den dreien Amslen, Davon man sagt, Wie sein herr jn aussendet, die verlorne kue zu suchen, Und er so lange aussen bleib, das sein herr jm nach leufft zu sehen, wo er bleibt. Als er fast nahe zu jm kompt, fragt er den knecht: Hastu di kue funden? Nein, sprach der knecht, sondern ich habe ein bessers funden. Was hastu denn funden? Der knecht sprach: Drey Amseln. Wo hastu sie denn? Der knecht sprach: Eine sehe ich, die ander höre ich, die dritte jage ich. Ist das nicht ein kluger, vleissiger knecht? Solt ein hausherr mit solchem gesinde nicht reich werden?

18 *Bauer und die Dohlen*

Das Kätzchen Adulatio

Die Heiden sagen von jrem Hercule (der jr David gewest), das er sich habe lassen zu letzt die weiber nerren. Eine hat jm den Schleier auffgesetzt, die ander den Rocken und Spindel jnn die hand gegeben, Und er hat müssen spinnen fur grosser liebe. Nu, man mus wol gleuben, das solche hohe Fürsten wie David uber der Bersabee [Bethsabee] jnn frawen liebe zu narren werden. Aber das gleube ich nicht, das er gesponnen habe, Sondern die Poeten und vernünfftige leute haben solches gemalet und gebessert mit worten, das wenn einen weidlichen Fürsten oder Man sonst kein ungehewr wunder kan uberteuben, und wenn er alle feinde umb und umb uberwunden hat (wie Hercules), So kan er doch zu letzt den hausteufel, den einheimischen feind, nicht uberwinden, Sondern das trawte frewlin und schöne königin Omphale mit jrem schönen angesicht und glaten zungen setzet dem theuren Herculi den schleier auff und heisset jn spinnen. Da sitzt denn der hohe siegman, der alle Lewen zurissen, den hellischen hund

19 *Lukas Cranach d. Ä., Herkules bei Omphale. 1535*

gefangen, die Centauros und Lapithas geschlagen, den Drachen erwürget, und was sie mehr von jm wunder schreiben, Da sitzt er nu (sag ich) und lesst seine keule fallen, nimpt die spindel jnn die hand, Und seine schöne Omphale drawet jm mit der ruten, wo er nicht recht spinnet.

Damit haben die Poeten das schöne Ketzlin, genant Adulatio, gemalet zu Hofe, das den Fürsten und Herrn auff dem maule trumpelt und heisst sie thun, was sie wil haben, Doch mit solcher schönen gestalt und mit solchen lieblichen reden, das der liebe Hercules meinet, es sey der Engel Gottes, und er selbs nicht werd, solch schön frewlin, als die Omphale ist, zu haben, und wird jr williger, untertheniger diener,

Vom Frosch, der sich wie ein Ochse aufbläst

WAs hat diese tugent zu Hofe zu schicken? oder wo kompt solchs unleidlich laster gen Hofe? das der König David schreiet, Er könne nicht leiden, das jemand stoltz und hohmütig sey. Ja, wo solt sonst solch kreutlin wachsen on jn den Regimenten, da gros gewalt, ehre, gut und freundschafft ist? Es ist wol zu weilen ein betler auch stoltz und hohmütig. Aber dafur fürchtet sich niemand, Sondern jederman lachet sein und spricht: Arm hoffart, da wisschet der Teufel seinen hindern an, Und ob sie wol fast drücket, so kan sie doch nichts machen, denn sie hat nichts im bauche. Davon sagt Esopus, wie der frosch sich auffbleset und wil so gros sein als der ochse. Aber das junge fröschlin sagt: Nein, liebe mutter, wenn du dich gleich zurissest und börstest. Aber David redet von ernster hoffart, die schaden thun kan und zu Hofe gemein ist, wie denn die gewaltigen, Reichen, grosse leute thun können. Und gleich wie er droben nicht vom geistlichen verleumbden oder Neidhart gered hat, Also redet er auch hie nicht vom geistlichen, sondern vom weltlichen hohmut, denn weltliche hoffart hebt sich jnn weltlichen sachen hie auff erden. Geistliche hoffart und neid mus sein im Paradis und unter den Engeln Gottes, da einer wil heiliger sein denn der ander und fallen drüber jnn abgrund der Hellen, Und folgen jnen nach die falschen Propheten und alle Rotten geister jnn der Kirchen und unter Gottes kindern.

Summa, das wir auch ein mal zum ende des Psalmen komen, Hofe stoltz oder hoffart ist nicht baur hoffart jnn kleidern, schmuck, obengehen, schwentzen und der gleichen faulen stücken, Wie wol unter den Fürsten und Herrn, Adel und Bürgern solchs jtzt auch gar uber macht ist, Und weis schier keiner, wie hoch er uber den andern gern were. Das ist aber alles eitel beurisch hoffart und beyspiel oder allegoria, Denn die pferde sind auch solcher weise stoltz und fülen jren

20 *Der aufgeblasene Frosch*

schmuck und ehre, Und wenn wirs höflich wollen nennen, So ists Hanses hoffart, nicht des Fürsten hoffart oder Privatisch und nicht Regimentisch hoffart. Aber Hofe stoltz und hoffart heisst auff Griechisch Tyrannis, zu Deudsch Wütrich

Vom Affen, der Holz spalten wollte

Jm schönen Hofpsalm welchs ist der 101. den Doctor Creutziger für die gelerteste vnnd weyseste schrifft inn Deutscher sprach hielt, gedencket der Doctor des Affen / so holtz spalten wolte / vnd des keyls vergaß / vnnd da er die Axt außzog, drüber zu schaden kam / Denn wenn sich einer frembder hendel vnterstehet / die er nicht gelernet / gehet es selten one nachtheyl abe. Er gedencket auch des Frosches so auffm heller saß / vnd sich rhümet / gelt brecht ehre. Wie er auch der Schwermer spottet / die eytel rhümen fürgaben / mit dem alten sprichwort: Rhüme dich Reuplein / dein Vatter war ein Kolwurm.

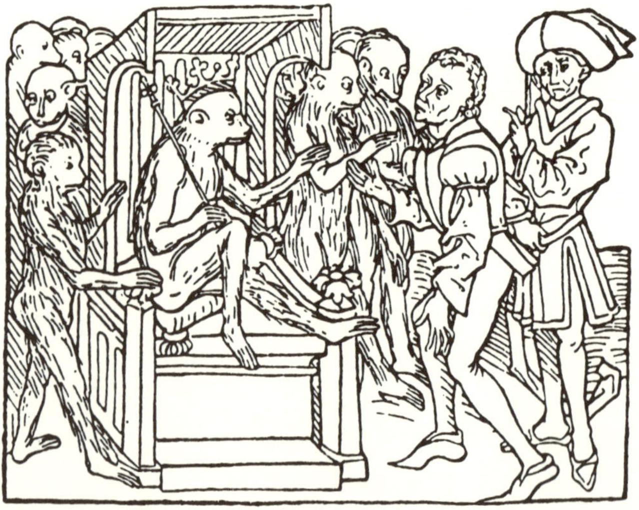

21 *Affe als König*

So überliefert Mathesius. In seiner Auslegung des 101. Psalms schreibt Luther:

Hie fragt sichs, Sol man denn nichts lernen oder nachfolgen guten exempeln der weisen und grossen leuten? Warumb bildet man uns denn solche exempel fur? Gleich wie im geistlichen stande bildet uns die Schrifft Christum und seine Heiligen zum exempel. Antwort: O, wer nur wol kundte. Freilich sol man nach folgen guten exempeln jnn allen stenden, Aber so fern, das wir nicht zu affen werden und affen spiel treiben, Denn der affe wil alle ding nach thun und folgen. Aber es gehet jm, wie im buch der Weisen stehet, da er einen baurn hatte sehen ein gros holtz spalten, gehet er hin und setzt sich auch reitlinges drauff und spaltet mit der axt. Er hatte aber kein badhembd an und die geylen fielen jm jnn die spalten, Und vergisset einen keyl einzuschlahen, So zeucht er die axt aus, klemmet und zuquitzscht die geylhen, Das er sein lebtag ein Ongeil oder Eunuchus bleiben muste, Er hatte dennoch dem baur nachgefolget. Also gehets auch allen seines gleichen unzeitigen nachfolgern.

Igel und Fliege

Jtem / ein grosser Herr ligt am fenster / vnd sihet ein Hofschrantzen gen Hof kommen / O wie ein grosser Dieb ist diß / spricht er zu einem der bey jm stund / Leydt jr denn solche an diensten / sagt der Rath? Wie sprach der Fuchs zum Jgel / antwort der Herr / lasset mir die satten fliegen sitzen / kommen hungerige / die saugen vnd sauffen vil herter / Es muß ein Herr vil sehen vnd hören / der mit vil leuten haußhalten soll / bißweylen findet man einen / der druckt ein Hofschwam auß / der vil wasser in sich gezogen / vnnd henckt jn an die Sonne / wie Assuerus seinem vntrewen Hamman thete / Oder mancher knüpfft jhm sein halß selber zu / wie Ahitophel / Denn vntrew trifft doch jren eygen Herrn / oder da sichs verzeucht / so zalens endlich die erben.

Bauer und Gans

Jtem / auff ein zeyt kaufft ein Bergherr frembde gewercken auß / vnnd wolte den genieß gar allein haben / Wie solchs vber tisch gedacht wird / spricht der Herr Doctor: Eben so thet jener Baur im Esopo auch / dem leget ein Ganß alle quartal ein gülden ey / da jn aber der geytz bestund / schurfft er die Ganß auff / da schnidt sich das Ertz mit abe / Also gehets / wenn man sich nicht will an den gfellen genügen lassen / so Gott ordenlich bescheret / vnd wenn der Jeger den Hunden vnd Sperbern jr jeger recht versaget. Bauren sollen pflügen vnd dreschen / Herrn sollen der Zinß, Zehenden vnnd Pacht warten / vnd jren armen leuten schutz halten / Pfarrner sollen leren vnd beten / sagt D. Martin Luther / so richtet ein jeder das seinige auß / vnd Gott spricht sein segen darzu.

Krebs und Schlange

Unser Doctor schrieb auff ein zeyt seinem Sönlein Johanni dise fabeln für: Ein Krebs wolt vber land reisen / vnter wegen kombt er zur Schlangen / die wird sein gefert / Nun windt vnd schlingt sich die Schlang / vnnd geht die quer / vnd macht sich krumb. Der Krebs der auff vil beynen vbel zu fusse war / folget seinem schlimmen vnd vngeraden wandergesellen / vnd gehet sich aussm athem / helliget vnd mergelt sich in diser schweren reise abe / Wies abend wird / keren sie beyde vnter einen strauch ein / die Schlang legt sich in ring / vnd fehet an zu schlaffen vnnd schnarchen / Der Krebs ist müde / vnd wil kein schlaff in seine augen / vnnd thut jm das schnarchen oder zützschen wehe / vnd wil die Schlange stossen das sie still lige / Wie sie aufffert vnd will sich weren / ergreifft er sie mit seiner schere beim kopff / vnnd drückt hart zu / biß jr der athem außgehet / da streckt sie sich die lange lenge auß vnd ligt so

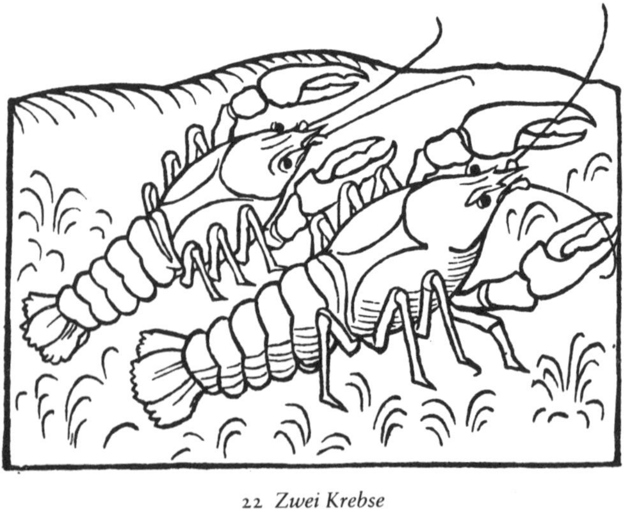

22 *Zwei Krebse*

todt fein gerad / Ey / sagt der Krebs / wenn du heut so gerad gangen werest / het ich auch besser volgen können.

Ach wie schwer kombt es einen an / vnnd blutleichen sawer wirds jm / wer mit krummen / schlimmen / schlipfferigen / vngeraden / zwizüngigen / falschen vnd gifftigen leuten vber land sol reysen / oder in Regimenten mit jnen rathschlagen vnd vmbgehen / oder mit gifftigen vnd falschen Predigern vnd Collegen / vnd untrewen weyb vnd gesinde haußhalten. Drum beschloß D. Luther dise fabel / Lieber Son / es ist nicht allein ein schöner schatz vmb ein guten nachbarn / sondern wenn eim Gott auch vber land vnd in seinem ampte / gute vnd gerade leut zugibt / Mit schlimmen vnd falschen kombt man schwerlich fort / vnd wird eim blut sawr. Denn ein vngerader vnd tückischer freund / ist vil erger / denn ein öffentlicher zorniger feind.

In Luthers Tischreden findet man eine kürzere Fassung dieser Fabel:

Fabula de cancro et serpente. Serpens typus mendacii, nam semper tortuosus est, sive eat sive cubat, sed mortuus est rectus. Quare cancer pugnans cum serpente, cum rectum videret: Si sic ires, etiam cum vivis, tum ferri poteras; sed quod gyros et volumina semper etc.[1]

Lügen. »Lügen ist allzeit gedrehet, und krümmet sich wie die Schlange, die ist nimmer gerade, sie gehe oder stehe, sondern allein wenn sie todt ist, da ist sie gerade und aufrichtig.«

[1] Die Fabel von Krebs und Schlange. Die Schlange ist das Bild der Lüge, sie ist nämlich immer gewunden, ob sie geht oder liegt, aber tot ist sie gerade. Deshalb sagte der Krebs beim Kampf mit der Schlange, als er sie gerade ausgestreckt sah: Wenn du so gingest, solange du lebst, dann wärest du zu ertragen; aber weil du immer Kreise und Windungen machst etc.

Bauer und Schlange

Da ich vnd ander gute freund dem Herrn Philippo das gleyt von hinnen gaben / vnd er auch mit ebentewrlichen geferten beladen war / saget er vns im Wisenthal vber tische dise fabel. Ein grosse Schlang verfiel sich in einer höle / vnnd schrier jemmerlich / ein Baur kombt zum loch / fragt was da sey / sie bitt er wölle jhr herauß helffen / Traun nein / sagt der Mann / an bösen thieren ist nichts guts zuuerdienen / ich solt wol ein Schlang inn meinem busem auffziehen / Die Schlang helt an / vnnd verspricht dem Bauren / sie wölle jhm bey jrem Gott / der ein mal durch sie geredt / den besten lohn liefern / so die welt pflegt zu geben / Gifft / gab vnnd grosse verheissung / bethören auch die Weysen / Der Baur hilfft dem bösen vnd listigen Wurm herauß / drauff will sie jn zu lohn fressen / Hab ich das vmb dich verdienet? ist das deiner zusag gemeß? sagt der Baur / Ich bin zweyzüngig / sagt die Schlang / die Welt lonet nicht anders / Wer ein vom galgen bitt / der bringt jn gemeincklich wider dran.

Wie der Baur in engsten stehet / sagt die Schlang / da du mir nicht glauben wilst / so wöllen wirs auff die nechsten zwey setzen / die vns begegnen / was sie inn diser sachen sprechen / das soll vns beyden wol vnd wehe thon / Bald kombt ein altes Pferd / dem legen sie die sache für / der schiedman spricht: Ich hab meinem Kerner fünffzehen jar gedienet / morgen will er mich dem schelmschinder geben / Die welt lohnet nicht anders. Desgleychen spricht der alte Hund / auff den sie auch compromittirn / Ich hab zehen jar tag vnd nacht meim Junckern jagen / vnd vil Füchs vnnd Hasen fangen helffen / Jetzt hat er seim Weydman befohlen / er soll mich an ein Weide hencken / das ist der Welt lohn. Dem Baurn wird bang zu mut / inn dem trabt ein Füchslein daher / dem legt der Baur sein sach auch für / vnd verheist jm all sein Hüner / er sol jm von dem bösen Wurm helffen / Der Fuchs vnterwindt sich des handels / beredt die Schlang / sie wölle jhm die höle zeigen / vnd was jr gefahr vnd des Bauren dienst gewesen sey / Man kombt zum loch / der Fuchs fert ein / die Schlang hernach / vnd zeygt jm alle gelegenheyt / in des wischt der Fuchs herauß / vnd ehe sich die Schlang vmbwendt / weltzet der Baur auffs Fuchsen abred / wider ein grosse wand für.

Wie der Baur erlediget / fodert der Fuchs / er soll jm auffn abend das Hünerhauß offen lassen / Der Baur kombt heim / thut seim Weib relation / vnnd was er dem Fuchs für sein procuratorey sey anheschig worden / Die Beurin sagt: Hüner vnnd Gens sein jr / er hab jr nichts zuuergeben / Der Baur will sein worten nachkommen / lest dem Fuchs das Hünerloch offen / wie es die Fraw gewar wird / wartet sie mit jrem Schiermeister die nacht auff den Fuchs / Als der in *bona fiducia* geschliechen kombt / verrennen sie jm das loch / vnnd blewen auff jn zu / biß sie jn ergreiffen. Ach / sagt der Fuchs / ist denn das recht / vnd der Welt höchster lohn für die gröste wolthat / so bestettig ichs heut armer schalck / diß Weltrecht mit meinem leben vnd balg.

Diese von Melanchthon erzählte Fabel, die Mathesius überliefert, findet man auch in der Sammlung von Luthers Tischreden:

Bauer und Schlange

Wie die Welt die Wolthat vergilt und belohnet. Philippus Melanchthon sagete einmal uber D. Luthers Tisch diese Fabel: »Daß einmal ein Bäuerlin wäre uber Feld gegangen, und da er sich müde gegangen hatte, kam er an eine Höhle oder Loch, in welchem eine Schlange lag, die war mit einem großen Steine verschlossen. Die Schlange rief ihn an und bat, er wollt den Stein vom Loche wälzen und sie los machen, wenn er das thäte, wollte sie ihm den besten Lohn und Dank geben, den man auf Erden pflegte zu geben. Das gute Bäuerlin ließ sich endlich bereden, wälzete den Stein vom Loch und machte

23 *Bauer und Schlange*

die Schlange los, und foderte seinen Lohn; da wollt ihn die Schlange stechen und umbringen, und sprach: Liebes Männlin, also pflegt die Welt zu lohnen denen, die ihr alles Guts gethan haben! Da er aber einen andern und bessern Lohn begehrte und die Schlange auf ihrem Erbieten verharrete, berief sich das Bäurlin auf Anderer Erkenntniß, welchs Thier ihnen am ersten begegnete, das sollte darüber Richter sein. Da brachte man ein alten und abgearbeiteten Karrnhengst geführt, der kaum die Haut ertragen konnte, der sollte zum Schinder, daß man ihme die Haut abzöge; der sprach: Mir gehts also, nu ich mein Herz gar abgezogen habe, will man mich todtschlagen und schinden. Darnach kam ein alter Hund, den sein Herr ausgeschlagen hatte, der klagte, es ging ihm gleich auch also. Da sich nu das Bäurlin auf den dritten Richter, der ihnen begegnet, berief und stallt es auf des selben endlichen Machtspruch und Aussage, kam ein Füchslin; das selbige rief das Männlin an und verhieß ihm, da es ihm würde helfen und von der Schlangen erretten, so wollt er dem Füchslin alle seine Hühner geben. Das Füchslin sprach: Die Schlang sollt wieder ins Loch gehen, denn wollt es darüber sprechen; Ursach: ein iglicher müßte zuvor in seinen vorigen Stand wieder gesetzet und restituirt werden, ehe denn ein Rechtfertigung, ein Urtheil und Sentenz erginge. Die Schlang, weil sie ein Mal gewilliget und es dem Fuchs Macht geben hatte, kroch sie wieder ins Loch. Da war der Baur her, wälzet von Stund an den Stein wieder dafür, daß die Schlang nicht konnte heraus kommen. Da nu das Füchslin des Nachts kam und wollte die Hühner, die ihm verheißen waren, holen, schlug ihn das Weib und das Gesinde todt.« Darauf sprach D. Martinus: »Dieses ist ein recht Contrafeit der Welt: Wem man vom Galgen hilft, der bringet einen gerne wieder daran. Wenn ich kein Exempel der gleichen mehr hätte, so wäre doch der Herr Christus Exempels genug, der die ganze Welt von Sünd, Tod, Teufel und Hölle erlöset hat und ist von seinem eigen Volk gecreuziget und an Galgen gehenkt worden.«

Grille und Ameise

Also haben die alten Poeten und Weisen gespielet von den Grillen oder Heuschrecken, Die kamen im Winter, da sie nicht mehr zu essen funden, zu den Eimmessen und baten, das sie jnen auch etwas mitteileten, was sie gesamlet hetten, Und da diese sprachen: Was habt jr denn im Sommer gethan, das jr nicht auch habt eingetragen? Wir haben gesungen (sprachen sie), Da musten sie wider hören: Habt jr des Sommers gesungen, so tantzet nu dafur des Winters. Also sol man solchen Narren antworten, die da nicht wollen weise werden, noch verstehen lernen, was Gottes wille ist

24 *Grille und Ameise*

Aus Luthers Tischreden

Von der Kröte und den Affen und von den Hornissen

Vber tische hab ich etliche gute fabeln vnnd sprichwörter von jhm gehöret / Als von der Kro / so die Affen straffete / die auß eim Johans Würmlein fewer blasen wolten / vnd drüber jren kopff verlor / Also gehets / wenn man ander leuten / die kein verstand haben / einreden wil / Affen vnd Pfaffen lassen sich nicht straffen / wie ichs auß langer erfarung bin gewar worden. Item / da man eines erwehnet / der sich sehr heuchlisch vnd glimpflich stellet / gedacht er diß schönen Sprichworts / so auß dem mehrlein von der alten Mauß vnd jren Töchterlein gesponnen ist / welche ein rauschenden Han / vnd schleichende Katze sahen / vnnd sich vber dem leysetritt hart verwunderten / Hüt dich / sagt die Muttermauß / fürn schleichern / die rauscher thun dir lang nichts.

Jtem / wie man meldet / das etliche Hurneusel grosse Klöster güter an sich gezogen / vnd Hofschrantzen damit begnadet hetten / sagt er: Esopus leret / wenn jemand ein praten vom Altar zuckt / bleibt gemeiniglich ein glüend kölein dran hencken / das brendt nest vnd jungen / wie dem Adler geschach.

Ich hab auch gesehen / das Doctor den Sechsischen Rencke fuchs mit zu tische getragen / vnd vber essen drin gelesen hat / wie er auch seinem Sone etliche Deutsche fabeln zum argument vorschribe / die er verlateinen solte / wie ich hernach der einen gedencken will.

Adler und Fuchs

Daß *Fürsten und Herren die Klöster und geistlichen Güter zu sich reißen.* Doctor Luther saget einmal uber Tisch davon, »daß ein wahr Sprichwort wäre: Daß Pfaffengut Raffengut wäre und daß Pfaffengut nicht gedeihe. Und dasselbige hab man aus der Erfahrung, daß die jenigen, die da geistliche Güter zu sich gezogen haben, zuletzt darüber verarmen und zu Bettlern werden.« Und sprach darauf, »daß Burkhard Hund, Kurfürst Hansen zu Sachsen Rath, hätte pflegen zu sagen: »»Wir vom Adel haben die Klostergüter unter unsere Rittergüter gezogen; nu haben die Klostergüter unsere Rittergüter gefressen und verzehret, daß wir weder Klostergüter noch Rittergüter mehr haben.«« Und erzählete Doctor Luther davon ein hübsche Fabel und sprach: »Es war einmal ein Adeler, der machte Freundschaft mit einem Fuchse, und vereinigten sich, bei einander zu wohnen. Als nu der Fuchs sich aller Freundschaft zum Adeler versahe, da hatte er seine Jungen unter dem Baume, darauf der Adeler seine junge Adeler hatte. Aber die Freundschaft währete nicht lange; denn als balde der Adeler seinen Jungen nicht hatte Essen zu bringen, und der Fuchs nicht bei seinen Jungen war, da flohe der Adeler herunter und nahm dem Fuchs seine Jungen und führete sie in sein Nest und ließ sie die jungen Adeler fressen. Da nu der Fuchs wieder kam, sahe er, daß seine Jungen hinweg genommen waren, klagets derhalben dem obersten Gott Jovi, daß er *Ius violati hospitii* rächen, und diese *Iniuriam* strafen wollte[1]. Nicht lange darnach, da der Adeler wiederum seinen Jungen nichts zu essen zu geben hatte, sahe er, daß man an einem Orte im Felde dem Jovi sacrificirete. Derhalben flohe er dahin, und nahm flugs einen Braten vom Altar hinweg und brachte denselbigen den jungen Adelern ins Nest, und flog wieder hinweg und wollte mehr Speise holen. Es war aber am Braten eine glühende Kohle behangen blieben, dieselbige als sie ins Nest gefallen war, zundet sie das Nest an, und als die jungen Adeler nicht fliegen konnten, da verbrannten sie mit dem Nest und fielen auf die Erde.« Und saget Doctor Luther darauf, »daß es pflege also zu gehen denen, so die geistlichen Güter zu sich reißen, die doch zu Gottes Ehren und zu Erhaltung des Predigamts und Gottesdiensts gegeben sind; dieselbigen müssen ihr Nest und Jungen, das ist ihre Rittergüter und andere weltliche Güter, verlieren und noch wol Schaden an Leib und Seel dazu leiden.«

Auf ein ander Mal sagete Doctor Luther, »daß die geistlichen Güter Adelers Federn Art und Natur an sich hätten, denn wo man sie zu andern Federn legete, so fressen und verzehren sie dieselbigen. Also wenn man die geistlichen Güter *per fas et nefas*[2] unter andere Güter menget, so verzehren sie auch dieselbigen, daß einer zu letzt gar nichts behält.«

Es war einer zu Wittenberg mit Namen Severus, welcher des Römischen Königes Ferdinandi Söhne Präceptor gewesen, der bei Doctor Luther zu Tisch gegangen. Dieser hatte

25 *Fuchs und Adler*

uber Doctor Luthers Tische gesaget: »»Es wäre zu Liens ein Hund gewesen, der dazu gewöhnet worden, daß er hat pflegen Fleisch aus den Fleischbänken zu holen in einem Korbe. Wenn aber andere Hunde wären an ihn kommen, hatten ihme das Fleisch nehmen wollen, so hat er den Korb niedergesetzt und sich weidlich mit ihnen durchbissen. Wenn sie ihn uberwältiget hatten, so wäre er am ersten mit dem Maul in den Korb gefallen, habe ein Stück Fleisch erwischt, auf daß er auch etwas davon uberkäme.«« Da sprach Doctor Luther darauf: »Eben das thut jtzt unser Kaiser Karol auch; welcher, nachdem er lange die geistlichen Güter vertheidiget hat und nu siehet, daß ein jglicher Fürst die Kloster und Stift zu sich reißet, so nimmet er jtzt auch die Bischthüme ein; wie er denn neulich das Bischthum Utrich und Luttich zu sich gerissen hat, auf daß er auch *partem de tunica* Christi uberkomme.«

[1] daß er das Recht der verletzten Gastfreundschaft rächen und dieses Unrecht strafen möchte. [2] sprichwörtlich: per omne fas ac nefas aliquem sequi: in allem Guten und Bösen.

Fabula

F*abula. Og, rex Basan, fabulati sunt, Iudei, quod accepit magnum montem quem voluit proicere super inimicos suos, quorum erat magna multitudo.*[1] Aber do er den berckh auf den kopf bracht, do lies im Gott den selben an hals fallen vnd darnach grosse zencken aus dem maul von zenen wachsen, das er des bergs nimmer kondte los werden. Die Juden haben uil feiner weisen leutt gehabt.

Der Jüden Lügen vom König Og. »Die Jüden, wie ihr Brauch ist, erdichten eine Lügen von Og, dem Könige zu Basan, nehmlich, daß er einen großen Berg erwischt, den er unter seine Feinde wollte werfen, denn ihr war ein großer Haufe; aber da er den Berg auf den Kopf brachte, da ließ ihm Gott denselben an Hals fallen, und darnach große Zacken aus dem Maul fur zween Zähne wachsen, daß er des Berges nimmermehr konnte los werden. Wiewol es eine Fabel ist, doch kann sie ihre geistliche Deutung haben, wie Aesopus Fabeln, denn die Jüden haben viel feine weise Leute gehabt.«

[1] Og, der König von Basan, so erdichteten die Juden, nahm einen großen Berg, um ihn über seine Feinde zu werfen, von denen er eine große Menge hatte.

Fabula contra sciolos

F*abula contra sciolos.* Gott wil sein regiment also furen, das im niemands sol einsprechen, vnd die welt kans doch nicht vnterlassen. *Ideo fingitur fabula de auriga paupere Hans Pfrim. Cui concessum est vivere in paradiso et frui deliciis eis ea conditione, ut omnia permitteret vadere, sicut vellent Dei voluntare. Ingressus invenit haurientes aquam vase sine fundo et iuani labore defatigari; praeteriit, vix potuit se continere. Postea vidit duos fabros lignarios portautes lignum, quod in domum ferre non potuerunt, quia neuter praecedere volebat,* sondern ging der quer*; hoc etiam difficile tacuit. Tertio invenit aurigam in luto haerentem; qui cum quatuor equis non posset liberari,* spin er zwey pferde hinden an. *Hoc ille, cum de suo foro esset, non potuit simulare, incepit illum increpare, et ita transgressus est conditionem et expulsus est paradiso. Et cum Petrus occurrisset interrogans, cur exiret? respondit:* Ich muss eraus, vnd habe dennoch vnseren Her Gott nicht vorrothen als du! *Postea Paulum persecutorem cavillatus est. Tertio Moysen incredulum notavit:* Er wer nicht ein solcher gewesen als sie! *Et ita omnes sanctos cavillatus. Tandem venerunt innocentes pueri; cum illis lusit,* schuttelt ihnen birnen von den beumen, *et tandem permansit in paradiso, simulans postea egregie.*

Fabel gegen die Besserwisser. Gott will sein Regiment so führen, daß ihm niemand hineinreden soll, und die Welt kann es doch nicht lassen. Deshalb erdichtete man die Fabel vom armen Fuhrmann Hans Pfriem. Er durfte im Paradies leben und die dortigen Vergnügungen genießen unter der Bedingung, daß er alles so weitergehen lasse, wie es nach Gottes Willen geschah. Als er eintrat, entdeckte er einige die Wasser schöpften mit einem Gefäß ohne Boden und sich abmühten bei dieser unsinnigen Arbeit. Er ging vorüber und konnte sich kaum beherrschen. Später sah er zwei Zimmerleute, die einen Balken trugen, den sie nicht ins Haus bringen konnten, weil keiner vorangehen wollte, sondern in die Quere ging; auch hierüber zu schweigen, fiel ihm schwer. Drittens entdeckte er einen im Morast steckenden Fuhrmann, der sich auch mit vier Pferden nicht hätte befreien können, aber zwei hinten angekoppelt hatte. Dies konnte er, da er vom selben Fach war, nicht hinnehmen, und er fing an, jenen zu tadeln, und damit verletzte er die Bedingung und wurde aus dem

Paradies vertrieben. Als ihm Petrus begegnete und fragte, warum er hinausginge, antwortete er: Ich muß hinaus und habe doch unseren Herrgott nicht verraten wie du! Danach hat er den Paulus als Verfolger getadelt. Drittens hat er Mose als einen Ungläubigen gerügt. Er sei nicht ein solcher wie sie gewesen! Und so hat er alle Heiligen kritisiert. Schließlich kamen die Unschuldigen Kinder. Mit ihnen spielte er, schüttelte ihnen Birnen von den Bäumen. Und so verblieb er am Ende im Paradies und konnte sich später ausgezeichnet anpassen.

Vom Esel

E*in wünderlicher Fall.* Doct. Mart. Luth. erzählete Anno 1546 zu Eisleben diese Fabel: »Daß ein Müller hätte ein Esel gehabt, der wäre ihm aus dem Hofe gelaufen und ans Wasser kommen. Nun steiget der Esel in einen Kahn, so im Wasser stund, und wollt daraus trinken; dieweil aber der Kahn von dem Fischer nicht angebunden war, so schwimmet er mit dem Esel davon; und kömmt der Müller um den Esel, und der Fischer um den Kahn, war also Schiff und Esel verloren. Der Müller klagt den Fischer an, daß er den Kahn nicht hab angebunden. So entschuldiget sich der Fischer, und sagt: Der Müller sollte seinen Esel auf dem Hof behalten haben, und begehrt seinen Kahn bezahlt. *Nunc sequitur, quid iuris?* Wer soll den Andern verklagen? Hat der Esel den Kahn, oder der Kahn den Esel weggeführt? Das heißen *Casus in iure.*« Darauf antwortet einer und sprach: »»*Ambo peccaverunt*, der Fischer, daß er den Kahn nicht hat angebunden, und der Müller, daß er den Esel nicht auf seim Hof behalten, *culpa est ex utraque parte. Est casus fortuitus, uterque peccavit negligentia.*«« Darauf sagte Doctor Martinus Luther: »*Tales casus et exempla illudunt summum ius iuristarum. Non enim practicandum est summum ius, sed aequitas: ita Theologi quoque praedicare debent. ne homines omnino ligent aut solvant*; daß die Leute nicht allzu heilig oder allzu böse werden. *Omnia sunt gubernanda secundum aequitatem.*«

Der Text entstand nicht 1546, sondern spätestens 1534. – Die lateinischen Passagen lauten: Nun folgt die Frage: Wie ist die Rechtslage? (...) Rechtsfälle (...) Beide sind schuldig (...) Die Schuld ist auf beiden Seiten. Es ist ein durch Zufall bedingter Fall; jeder von beiden hat sich eine Nachlässigkeit zuschulden kommen lassen. (...) Solche Fälle und Beispiele sind ein Hohn auf das höchste Recht der Juristen. Man soll nämlich nicht das höchste Recht praktizieren, sondern ausgleichende Gerechtigkeit üben. So sollen auch die Theologen predigen, daß sie die Menschen nicht völlig binden oder lösen. (...) Alle Dinge müssen nach dem Prinzip der ausgewogenen Gerechtigkeit regiert werden.

Von der Fliege auf einem Fuder Heu

V*on stolzen, ehrsüchtigen Predigern.* Nach dem etliche D. Martino Luthero sagten, daß Cochläus, Herzog Georgens zu Sachsen Theologus, viel Bücher schriebe und dadurch wollte hoch gesehen sein, da sagte Doctor Martin Luther in *contemtum Cochlaei* eine feine Fabel, so da gehöret auf hoffärtige, ehrgeizige Prediger und naseweise Ladünkel und sprach. »Es saß eine Fliege auf einem Fuder Heu, und da mans einfuhrte und ablude, staub es sehr; da sprach die Fliege: Ei der Teufel, wie einen Staub kann eine Fliege anrichten!« Und saget ferner von solchen hoffärtigen, naseweisen Leuten, »daß sie sich dünken ließen, als thäten sie mit ihrem Schreiben ihme (dem Luther) und Andern großen Schaden und Leid; aber sie thäten gleich wie jener Floch, der sprach, als er von einem Kameel fiel: Ei, ich meine, du hasts gefühlet, was dich fur eine Last gedruckt hat! Ja,« saget er, »ich will dem Cochläo auf kein Buch wider mich geschrieben antworten; darüber er wird viel zorniger werden, denn wenn ich ihm antwortete. Ich wills aber alleine darum thun, daß er nicht die Ehre erlange oder finde, die er durch sein Schreiben wider mich suchet.«

Und sagte viel von den ehrgeizigen und naseweisen Ladünkeln, hatte auch einen Brief, den ihm ein solcher Klügling geschrieben, den lase er, und sprach: »Die Kunst kann nicht verborgen bleiben; wenn der Bauch bersten will, so ists Zeit, daß man sie durch Predigen und Schreiben los mache.« Das redet er höhnisch und sprach dazu: »Hoffart und Vermessenheit ist der Schlangen Häupt!«

Von den sieben Köpfen Cochläi wider Lutherum. Cochläus hat in einem Buch D. Luthern genennet ein Thier, das sieben Köpf hätte. Darauf sprach D.M.L.: »Mir gefallen alle Ding wol mit den sieben Köpfen, aber das ist Sünde und Schande, daß sieben Köpfe nicht können einen Hals zu We-

26 *Der siebenköpfige Luther*

gen bringen oder eines Halses werth sein. Man will sagen, des Markgrafen Sohn soll gesagt haben: »»Hat D. Luther sieben Köpfe, so wird er unüberwindlich sein, weil sie ihn bisher, da er nur einen gehabt, nicht haben können uberwinden!««.

Von dem Versiculo

M*an soll nicht zu viel vertrauen.* Dominus Philippus Melanchthon recitiret ein Mal uber Doctor Martin Luthers Tische diese Fabel von dem *Versiculo:* »*Crede parum, tua serva, et quae periere relinque*[1],« und sprach: »»Es hatte einer ein kleines Vögelein gefangen, und das Vögelein wäre gerne los gewesen, und sagte zu ihm: O Lieber, laß mich los, ich will dir so einen köstlichen *gemmam* weisen, der viel tausend Gülden werth ist. Ey, antwortet derselbige, du betreugest mich. Nein traun, sprach das Vögelein, du sollt mit mir gehen und den Edelgestein sehen. Der Mann ließ das Vögelein los, da flog das Vögelein auf einen Baum, saß droben und gab ihm den *gemmam:* Crede parum, tua serva, et quae periere relinque; den schönen Edelgestein ließ er ihm. Als sollt das Vögelein sagen: Da du mich hattest, solltest du mir nicht gegläubet haben. *Tua serva,* das ist, was du hast, das behalte. *Et quae periere relinque;* hast du es verloren, so mußt du Geduld haben.««

[1] Das ›kleine Gedicht‹ lautet: »Vertraue dem Kleinen, bewahre, was du hast, und trenne dich von dem, was du verloren hast.«

Von Marcolfo und König Salomo

D*octor Martini Luthers Antwort auf einen fürgeworfenen ärgerlichen Fall.* Doctor Martinus Luther ist ein Mal zu Leipzig Anno 1545 in einem Convivio gewesen, da hatte man ihm fürgeworfen einer hohen Person Fall und Aergerniß, und ihn darmit sehr vexiret und geplagt; da hat er zur Antwort gegeben: »Ihr lieben Junkern von Leipzig! Ich, Philippus und Andere wir haben viel schöner nützlicher Bücher geschrieben und Euch lange gnung das rothe Mündlein gewiesen, da habt Ihrs nicht gewollt; nun läßt Euch der N. in Ars sehen. Ihr habt das Gute nicht wollen annehmen, so möget Ihr nun in das Böse sehen!«

Und erzählete drauf die Fabel mit Marcolfo und König Salomon, und sprach: »Es kam ein Mal Marcolfus bey König Salomo in Ungnade also, daß er ihm seinen Hof verboten hatte und sollte dem Könige nicht mehr für die Augen kommen. Nun ging Marcolfus in ein Holz oder Wald, und als es geschneiet hatte und ein tiefer Schnee lag, da nahm er ein Fuß von einem wilden Thier in eine Hand, und in die ander Hand ein Sieb, und kroch also mit beiden Füßen, auch mit dem Sieb und Fuß gleich als ein wild Thier im Schnee umher, bis er zu einer Hölen kam; darein verkroch er sich. Als nun König Salomons Jäger im Schnee Wildpret ausspürete, kam er auf die Spur, und sahe, daß so ein wünderlich Thier in dieselbige Hölen gekrochen war. Derhalben eilete er an den Hof, und zeiget solches dem Könige an. Da war Salomo eilends auf und mit seinen Jagdhunden für die Höle, und wollt sehen, was für ein Wild drinnen wäre. Da stak Marcolfus im Loche. Als ihn nun der König hieß heraus kriechen, da deckt er den Ars auf, und kroch also rücklings heraus. Da wurde das ganze Hofgesinde zornig auf Marcolfum und sprach der König zu ihm: »»Du Schalk, warum hast Du mir diese Schalkheit gethan?«« Da antwortet Marcolfus: »»Ihr wolltet mir nicht mehr unter Augen sehen, so mußt Ihr mir nu in den Hintern sehen.««

Waren auch Kleien da?

Auf ein ander Mal redete D. Justus Jonas gegen dem Herrn Doctor Luthern von einem Stattlichen vom Adel im Lande zu Meißen, der sich um nichts so sehr bekümmerte, denn wie er viel Geldes und Guts und große Schätze sammlete, und daß er also sehr verblendet wäre, daß er der fünf Bücher Mosi nichts achtete. Derselbige hätte dem Kurfürsten zu Sachsen, Herzog Johanns Friederichen (da sein Kurfürstliche Gnade mit ihme viel von der Lehre des Evangelii geredet hatte) diese Antwort gegeben und gesaget: »»Gnädigster Herr, das Euangelium gehet Euer Kurfürstliche Gnade nichts an.«« Da sprach D. M. Luther: »Waren auch Kleien da?« Und erzählete eine Fabel, »wie der Löwe alle Thiere hatte zu Gaste gebeten und ein köstlich, herrlich Mahl lassen zurichten, und auch die Sau dazu geladen. Als man nu die köstlichen Gerichte auftruge und den Gästen fürsetzte, sprach die Sau: Sind auch Kleien da? Also sind itzt unsere Epicurer auch. Wir Prediger setzen ihnen in unsern Kirchen die aller beste und herrlichste Speise für, als ewige Seligkeit, Vergebung der Sünde und Gottes Gnade; so werfen sie die Rüssel auf und scharren nach Thalern; und was soll der Kuh Muscaten? sie isset wol Haberstroh.

Also geschahe einmal einem Pfarrherrn, Ambrosio R., von seinen Pfarrkindern. Da er sie zu Gottes Wort vermahnete, daß sie es fleißig höreten, sagten sie: »»Ja, lieber Herr Pfarrherr, wenn Ihr ein Faß Bier in die Kirche schroten und uns dazu berufen ließet, so wollten wir gerne kommen.««

Das Euangelium ist zu Wittenberg wie der Regen, der ins Wasser fället, da der Regen wenig Nutz schaffet; aber fället der Regen auf ein sandigs Feld und da die Saat mager und von der Sonnen verwelket und verbrennet ist, da erquicket solcher Regen das Land und macht es fruchtbar.«

Sperling und Schwalbe

W*ie zween Mönche, ein Barfüßer und ein Prediger, wider einander geprediget hatten.* Man brachte D. M. Luthero einen Sperling ubern Tisch, da fing er an diese nachfolgende Wort zu reden: »Du Barfüßermönch mit deiner grauen Kappen, du bist der allerschädlichste Vogel! Ich wollt, daß einer von dieser Fabel einmal ein Declamation schriebe, nehmlich daß ein Predigermönch und ein Barfußer mit einander gewandert waren, die fur ihre Brüder betteln und Almosen sammlen wollten. Nu hat einer auf den andern mit unnützen Worten gestochert, und hat der Barfüßermönch erst geprediget und gesaget: »»Liebe Bauern, gute Freunde! Hütet euch fur dem Vogel der Schwalben, denn inwendig ist sie weiß, aber auf dem Rücken ist sie schwarz; es ist gar ein böser Vogel, waschhaftig, nirgends zu nütz; und wenn man diesen Vogel erzörnet, so wird er ganz unsinnig und sticht die Kühe; und wenn dieser Vogel pferchet, so werden die Leute blind davon, wie ihr das im Buch Tobiä leset.«« Wollt damit den Predigermönch abmalen, die tragen auswendig schwarze Kappen und inwendig weiße Röcke.

Als nu nach Mittage der Predigermönch auch auf die Kanzel kam und predigte, da stach er wieder auf den Barfüßermönch und sprach: »»Ich kann zwar den Vogel, die Schwalbe, so groß nicht vertheidigen oder schützen; aber der graue Sperling, der ist viel ein ärger und schädlicher Vogel denn die Schwalb; denn er raubet, stihlet und frisset Alles, was er nur bekommen kann, als Hafern, Gersten, Waizen, Rocken, Aepfel, Birn, Erbeis und Kirschen etc. So ist er auch ein unkeuscher und geiler Vogel, und ist seine größte Kunst, daß er immerdar schreit: Scirp! Scirp!«« Damit hat ein Bettler den andern hindern wollen. Und sprach D. L.: »Es müßte ein Rhetoricus drüber kommen, der diese Fabel fein amplificiren und ausstreichen könnte; aber der Barfüßermönch der müßte

27 *Mann und Vögel*

die Schwalben, den Predigermönch, noch mit bessern Farben ausstreichen; denn die Predigermönche sind die allerstolzesten Ebentheurer und rechte Epicurer und Mastschwein gewesen, die eine sonderliche Hoffart getrieben haben; dagegen waren die Bettler, die Barfüßer, unter dem großen Schein der Heiligkeit und Demuth mehr stölzer denn alle Kaiser und haben am aller meisten Lügen erdacht.«

Darauf sagte D. Severus: »Lieber Herr Doctor, es kam einmal der König Ferdinandus in ein Mönchskloster der Barfüßer; nu funde des Königs Secretarius einer diese Buchstaben gar schön und herrlichen an die Wand geschrieben. Als:

M. N. M. G. M. M. M. M.

Da nu der Secretarius die Buchstaben ansiehet, und gedenket, was sie doch bedeuten möchten, da kömmt der König Ferdinandus an denselben Ort auch gangen, siehet die Buchstaben auch an und fraget, was sie bedeuten müßten? Da antwortet der Secretarius: »»Wenn E. K. Maj. kein ungnädiges Mißfallen darob tragen wollte, so dünket mich, ich wollts errathen, was die Buchstaben bedeuten möchten.«« Der König spricht, er sollts sagen, es sollt ihm ohn Gefahr sein. Da spricht der Secretarius:

»»*Mentitur Nausea* (welcher Bischof zu Wien war), *mentitur Gallus* (der war des Königs Hofprediger), *mentiuntur Maiores, Minores,* das ist, die Barfüßermönche, *Minorarii,* das sind sonderliche Mönche, so in den *Alpibus* wohnen.«« Der König Ferdinandus hörete solches und verbiß es, und ging hinweg. Und war ganz höflich von dem Secretario also gedeutet und ausgeleget.«

Vom Platzregen und den großen Hansen

U*m unser Härtigkeit Willen muß Gott hart und Gott sein.* Da D. Martinus von einem jungen Fürsten hart angesprochen und ihm furgeworfen ward: »»Worum er doch so heftig schriebe und die Leute so hart angriffe?«« sprach er: »Unser Herr Gott muß zuvor einen guten Platzregen mit einem Donner lassen hergehen, darnach fein mälig lassen regnen, so feuchtets durch. Item: Ein weidenes oder häseln Rüthlin kann ich mit einem Brotmesser zuschneiden, aber zu einer harten Eichen muß man Barten, Beile und Aexte haben, man kann sie dennoch kaum fällen und spalten.«

Daß man große Hannsen mit dem Predigtamt nicht hart angreifen soll. Der junge Markgraf Joachim der Ander hat Anno 1532, als er zu Wittenberg gewesen, Doctor Mar-

28 *Tanne und Rohr*

tinum Luther gefraget: »»Warum er doch so heftig und hart wider die großen Herren schriebe?«« Darauf hat Doct. Martinus geantwortet: »Gnädiger Herr, wenn Gott das Erdreich will fruchtbar machen, so muß er zuvor lassen furgehen einen guten Platzregen mit einem Donner und darnach darauf fein mälich regenen lassen; also feuchtet er das Erdreich durch und durch.« »Item«, sprach er, »ein weidenes Rüthlein kann ich mit einem Messer zerschneiden, aber zu einer harten Eichen muß man eine scharfe Axt und Barten oder Keil haben, man kann sie dennoch kaum spalten; wie denn eine große Eiche von einem Haue nicht fället.«

Gleichnisse der Kirche

W*ie es um die christliche Kirche stehet.* »Um die christliche Kirche wird es stehen nicht anders denn wie um ein Schäflin, das der Wolf jtzt bei der Wolle erwischt hat und fressen will. Unser Adel, Bürger und Bauern hören auch nicht, meinen nicht anders, wenn wir das Euangelium predigen und die Mönche mit ihren Werken schelten, wir predigen gute Tage und erläuben ihnen zu thun, was sie wollen.

Aweh! Es wird mit ihnen ubel zugehen. sie versündigen sich zu hoch und hören nicht, was wir sagen; wenn wir einen Teufel austreiben, so kommen ihr sieben an die Statt! Wenn wir die Mönche alle vertrieben, so würden wir siebenmal ärgere kriegen, denn die itzigen sind!

Ich gedachte aber, es sollte einem Lande zuträglicher sein, daß man das Verjagen und Zustören nachließe und erläubete jdermann auszuziehen und zu bleiben, wer da wollte. Ich hoffe, sie sollen sich selbs bald verwüsten. Aber die Herrn und der Adel suchen das Jhre, darin wirds ihnen bekommen, wie dem Hunde das Gras! Jdermann will reich an den Bettelstücken der Klöster werden, sie sehen sich aber für, daß nicht ihr Reichthum zu Bettelstücken werden!«

E*in ander Gleichniß und Bild der Kirche.* »Amaranthus wächst im Augstmonde und ist mehr ein Stengel denn ein Blümlin, läßt sich gerne abbrechen und wächst fein fröhlich und lustig daher. Und wenn nu alle Blumen vergangen sind und dies mit Wasser besprengt und feucht gemacht wird, so wirds wieder hübsch und gleich grüne, daß man im Winter Kränze draus machen kann. Jst Amaranthus daher genennet, das nicht verwelkt noch verdorret.

Jch weiß nicht, ob der Kirche etwas möge gleicher sein denn Amaranthus, diese Blume, die wir heißen Tausendschön. Denn wiewol die Kirche ihr Kleid wäscht im Blut des

Lämmlins, wie in Genesi und Apocalypsi stehet, und ist mit rother Farb gefärbet, doch ist sie schöner denn kein Stand oder Versammlung auf Erden. Und sie alleine hat der Sohn Gottes lieb wie seine liebe Braut, an der er alleine seine Lust und Freude hat; an der alleine hänget sein Herz, verwirft und hat ein Unlust und Ekel an allen Anderen, die das Euangelium verachten oder verfälschen.

Zu dem läßt sich die Kirche auch gerne abbrechen und berupfen, das ist, sie ist Gott willig und gerne gehorsam im Creuz, ist darinne gedüldig und wächst wiederum fein lustig, und nimmet zu, das ist, sie krigt den größten Nutz und Frucht davon, nehmlich, daß sie lernet Gott recht erkennen, anrufen, die Lehre frei bekennen, und bringet viel schöner, herrlicher Tugenden.

Endlich bleibt der Leib und der Stamm ganz, und kann nicht ausgerottet werden, ob man wol wider etliche Glieder wüthet und tobet und sie abreißt. Denn gleich wie Amaranthus, Tausendschön, nicht verwelkt noch verdorret, also kann man auch nimmermehr die Kirche vertilgen und ausrotten. Was ist aber wunderbarlichers denn der Amaranthus? Wenns mit Wasser besprenget und drein gelegt wird, so wirds wieder grün und frisch, gleich als von Todten auferweckt.

Also sollen wir keinen Zweifel haben, daß die Kirche wird aus den Gräbern von Gott erweckt, wieder lebendig herfür kommen, und den Vater unsers Herrn Jesu Christi und seinen Sohn, unsern Erlöser und Heiland, sammt dem heiligen Geist ewiglich loben, rühmen und preisen.

Denn wiewol ander Kaiserthum, Königreiche, Fürstenthum und Herrschaften ihre Aenderung haben und bald wie die Blümlin verwelken und dahin fallen, doch so kann dies Reich, das so hoch und tief eingewurzelt ist, durch keine Macht noch Gewalt zurüttet noch verwüstet werden, sondern bleibt ewig.«

V*om Oelbaum.* »Ein Oelbaum kann in die zwei hundert Jahre stehen, währen und Früchte tragen, und ist ein schön Bildniß der Kirche. Denn Oel bedeutet die Lieblichkeit und Freundlichkeit des Euangelii; Wein, die Lehre des Gesetzes. Es ist aber ein solche natürliche Einigkeit und Verwandtniß zwischen dem Weinstock und Oelbaum, daß, wenn der Weinstock auf einen Oelbaum gepfropft und gesetzt wird, so trägt er beides, Weinbeer und Oel. Also die Kirche, dem Volk eingepflanzt, klinget und lehret das Euangelium, und braucht beider Lehre, und bringet von beiden Früchte.«

Gleichnis eines Christenlebens

Gleichniß eines Christen Lebens. »Unser Leben ist gleich wie ein Schiffahrt. Denn gleich wie die Schiffleute fur ihnen haben den Port, nach und zu welchem sie ihre Fahrt richten, daß sie den erlangen und dahin kommen mögen, da sie sicher und aus aller Gefahr sind; also ist uns die Verheißung des ewigen Lebens auch geschehen und gethan, daß wir in derselben gleich wie in einem Port fein sanft und sicher ruhen sollen. Weil aber das Schiff, in dem wir gefuhrt werden, schwach ist und große, gewaltige, fährliche, ungestüme Winde, Wetter und Wellen zu und auf uns einfallen und gern bedecken wollen, so bedürfen wir wahrlich wol eines verständigen, geschickten Schiffmannes und Patrons, der das Schiff mit seinem Rath und Verstand also regiere und führe, daß es nicht irgend, entweder an ein Steinklippe anstoße oder gar versaufe und untergehe.

Nu ist unser Schiffherr und Patron alleine Gott, der das Schiff nicht alleine will, sondern auch kann regieren und erhalten, auf daß, da es gleich von ungestümen Wellen und Sturmwinden hin und wieder gewehet und uberfallen wird, gleichwol unversehret und unzubrochen, ganz ans Ufer und an Port kommen möge.

Er hat aber verheißen, daß er uns will beystehen, wenn wir ihn nur um Regierung und Hülfe, Schutz und Schirm fleißig bitten und mit Ernst anrufen; und so lange wir diesen Schiffherrn bey uns haben und behalten, so hats kein Noth, und kommen aus allem Unglück, daß uns die grausamen Winde und Wellen nicht schaden noch bedecken können. Wenn aber die, so im Schiff, in der größten Gefahr den Schiffherrn und Regenten muthwilliglich ausm Schiff werfen, der sie doch durch seine Gegenwärtigkeit und Rath erhalten könnte, in dem Fall muß das Schiff umkommen und verderben. Und man siehet klärlich, daß der Schiffbruch geschehen ist nicht aus Verwahrlosung und Schuld des Schiffherrn, sondern aus Muthwillen und Unsinnigkeit derer, die im Schiff gewest sind.

Dies Gleichniß und Bilde zeiget fein an, was die Ursach sey unsers Unglücks und Elendes und woher es komme.«

Tiervergleiche

Christus als Ichneumon

D*as Thierlin Ichneumon ist des Herrn Christi Bilde.* Doct. M. Luther fragte, was doch ein Crocodilus fur ein Thier wäre? und sprach: »Es muß gewißlich ein Lindworm sein oder wie sonst irgend eine große Eidechs ist, welche möchte etlich Ellen lang sein. Diese Bestia ist in Aegypten, und ist seine größte Freude und Lust, daß es mag Menschenfleisch fressen; wie es denn viel Leute erwürget und umbringet. Aber wenn es gleich noch so ein groß und grausam Thier wäre, so wird es doch von einem viel kleinern Thierlin, so Jchneumon genannt wird und nicht größer ist denn als eine Katze, erwürget, und die Leute in Aegypten beten beide Thier, den Crocodil und den Jchneumon, fur Götter an.

Es gehet aber also zu, daß der Jchneumon den Crocodil erwürget: wenn die Sonne im Mittage am heißesten scheinet und der Drache (der Crocodil) Menschen oder Fisch gefressen hat, so legt er sich am Ufer des Wassers Nili an die Sonne und schläfet. Wenn er denn also entschlafen ist und den Rachen weit aufgesperret hat, so ist das Thierlin Jchneumon her und wälgert sich im Koth, trucknet sich an der Sonne, daß es hart wird, und zeuhet gleich einen Harnisch oder Panzer an von Koth und Leime, und kreucht dem schlafenden Crocodil oder Lindworm in Hals hinein und wischet ihm im Bauch umher, und zubeißet ihm das Gedärm und Eingeweide, daß er davon stirbet. Und ob der Crocodil wol den Schwanz schüttelt und Gift heraus schüttet, so kann er doch Niemand schaden, wird also uberwunden und getödtet, wie Plinius (Hist. nat. lib. 8. c. 24) und der griechische Poet Nicander davon schreiben, und wenn denn der Crocodil todt ist, kreucht das Thierlin wieder aus seinem Rachen.«

Und sprach D. M.: »Das ist unsers Herrn Gottes Spiel; er handelt nicht durch große Stärke, Macht und Gewalt, sondern durch Schwachheit.« »Ja,« sprach er, »dies kleine Thierlin Jchneumon ist ein Bilde des armen schwachen Herrn Christi, welcher, da er Mensch worden und unser unfläthig, kothig Fleisch und Blut (doch ohne Sünde) an sich genommen, hat er doch die großmächtigen Feinde, als den Tod und Teufel, uberwunden und ihnen den Bauch zurissen. Solches sähen wir Alles, wenn wir nicht das Peccatum am Halse hätten. Aber wir kennen jtzt solche irdische grausame Thiere nicht, als Monoceron, das Einhorn; item Rhinoceron, ein Thier, das ein Horn an der Nase hat; Pard, Leopard, Tigerthier; ja, wir wissen nicht, wie wundersam Gott sei in seinen Creaturen.«

Der Vogel als Bild des Gottvertrauens

G*ottes Güte, wenn man ihm könnte vertrauen.* Gegen dem Abend kamen zwei Vogelin, die ins Doctors Garten ein Nest machten, geflogen, waren aber oft von denen, so furüber gingen, gescheucht. Da sprach der Doctor: »Ach, du liebes Vogelin, fleuhe nicht! ich gönne dirs von Herzen wol, wenn du mirs nur gläuben könntest. Also vertrauen und glauben wir unserm Herrn Gott auch nicht, der uns doch alles Gutes gönnet und erzeiget; er will uns ja nicht todtschlagen, der seinen Sohn fur uns gegeben hat.«

Der Teufel als Fliege

D*ie Fliegen sind des Teufels und der Ketzer Bild.* Doctor Luther sprach einmal: »Jch bin den Fliegen darüm feind und gram, *quia sunt imago Diaboli et haereticorum*. Denn wenn man ein schön Buch aufthut, bald so fleuget die Fliege drauf

29 *Fliege und Ameise*

und läuft mit dem Ars herüm, als sollt sie sagen: Hie sitze ich, und alhier soll ich meinen Balsam oder meinen Dreck her schmieren. Also thut der Teufel auch; wenn die Herzen am reinesten sein, so kömmt er und scheißt drein. Wenn ich am allerlustigsten und geschicktesten zum Beten bin, da komm ich etwa mit meinen Gedanken gen Babylonien oder baue sonst ein Schloß oder Häuser.«

Die Ketzer als Wölfe und Füchse

W*ölfe und Füchse sind der Ketzer Bild.* Anno 1536. hat Doctor Martinus Luther, als die oberländischen Theologen *in causa sacramentaria*[1] zu Wittenberg waren, gesagt: »Unser Herr Gott hat abgemalet *haereticos et damnatos homines in lupis et vulpibus*; denn *lupus* und *vulpes* sehen also einfältig und fromm, *ac si omnibus horis orarent Pater noster et Symbolum*; aber der Teufel gläube ihnen!«[2]

[1] wegen der Sakramentenlehre. [2] ›Unser Herr Gott hat die Ketzer und verdammten Menschen als Wölfe und Füchse gemalt; denn Wolf und Fuchs sehen so einfältig und fromm aus, als ob sie zu jeder Stunde das Vaterunser und Glaubensbekenntnis beten; aber der Teufel mag ihnen glauben!‹

Der Papst

Collation oder Vergleichung des Papsts mit dem Vogel Kukkuk. Doctor Martinus Luther sagte, »daß der Kuckuk hat die Natur und Art, daß er der Grasmücken ihre Eier aussäuft, und legt seine Eier dargegen ins Nest, daß sie die Grasmücke muß ausbrüten. Darnach, wenn die jungen Kuckuk aus der Schalen gekrochen und groß sind, so kann die Grasmücke sie nicht bedecken, darvon werden die Kuckuk aufsätzig[1] und zuletzt fressen die jungen Kuckuk ihre Mutter, die Grasmükken. Darnach auch kann der Kuckuk die Nachtigall nicht leiden,« sagte Doctor Luther. »Der Papst ist der Kuckuk, er frisset der Kirchen ihre Eier und scheißt dargegen eitel Cardinäl aus. Darnach so will er seine Mutter, die christliche Kirche, fressen, darinnen er doch geborn und auferzogen ist; so kann er frommer, christlicher, rechtschaffener Lehrer Gesang, Predigt und Lehre nicht dulden oder leiden.«

Der Papst ist ein Löwe und Drache. »Es ist unmöglich, daß der Papst kann rugen[2]. Wenn er gleich den zugefügten Schaden duldet und verbeißt, doch gedenkt er solche Schmache zu rächen mit heimlichen Listen und Tücken, wie und wenn er nur kann. Es ist aber leichter einen Löwen zu uberwinden denn ein Drachen. Also sagt S. Augustinus vom Teufel, daß er zur Zeit der Märtyrer ein Löwe sei gewest; ein Drache zur Zeit der Ketzer. Darum lasset uns wachen und beten; denn ob wir ihn gleich am Leibe gemattet haben, doch lebet sein Seele noch. Lasset uns ohn Unterlaß und getrost beten, es ist hoch von Nöthen, denn wir haben zu streiten nicht mit Fleisch und Blut, sondern mit den bösen Geistern in Lüften.

Der König von Engeland verachtet des Papsts Leib, hat sein Bann und Canonisiren verworfen und Joch ausgeschlagen; aber seine Lehre behält er noch, hat sie noch lieb und werth. Es wirds ihm aber der Papst nicht schenken, wird ihn berükken und hinterschleichen mit Hinderlisten und heimlichen Tücken und Practiken. Denn ins Papsts Reich ist dieses Königs Abfall ein bös Exempel. Es sollten darnach die andern Könige wol auch also thun.«

Gottes Wort soll man gewiß sein. »In Religionssachen, was Gottes Wort und die Lehre belanget, da soll man des Dinges gewiß sein und nicht wanken, auf daß die Bekenntniß in Anfechtung bestehe und man darnach nicht sage: ich hätte es nicht gemeinet. Denn wie solche Rede sonst in weltlichen Sachen fährlich ist, also ist sie in der Theologia sehr schädlich. Darum sind die Canonisten, des Papsts Heuchler und andere Ketzer ein echt Chimära und gräulich Wunderthier, welches am Angesicht ist wie eine schöne Jungfrau und der Leib ist wie ein Löwe, aber der Schwanz ist wie eine Schlange, das ist, ihre Lehre gleißet schön, scheinet hübsch, und was sie lehren, das gefällt der Vernunft wol und es hat ein Ansehen; darnach so bricht ihre Lehre mit Gewalt durch, denn alle falsche Lehrer hängen gemeiniglich das Brachium seculare[3] an sich, aber zu letzt ist es eine schlüpferige, ungewisse Lehre, gleich wie eine Schlange eine glatte Haut hat und einem durch die Hände wischet.«

[1] aussätzig. [2] bereuen. [3] Brachium saeculare: die weltliche Macht im Gegensatz zur geistlichen, dem B. ecclesiasticum.

Daß dem Papst, dem Bärwolfe, zu wehren und zu widerstehen jedermann schüldig ist. Anno 1539 den 9. Mai hielt D. Mart. zu Wittenberg offentlich in der Schule ein sehr scharfe ernste Disputation bei drei Stunden lang wider das gräulich

Antichriſti.

Antichriſtus.

Der Babſt maſt ſich an itzlichen Tyrannen vnd heydniſchen furſten / ßo yre fueß den leuten zu kußen dar gereicht/nach zu⸗volgen/damit es waer werde das geſchrieben iſt. Wilcher dießer Beſtien bilde nicht anbetten/ſall getödt werden Apocalip. 13. Ditz kuſſens darff ſich der Bapſt yn ſeynē decretalen vnuor⸗ſchembt rümen. c. cū oli de pri. cle. Si ſummus pon. de ſen. exco.

30 *Papst als Antichrist*

ungeheur Thier, den Papst, den Bärwolf, der aller Tyrannen Wütherei ubertrifft, als der allein will Exlex (ohn alle Gesetz) sein, frei sicher leben und thun nach all seinem Gefallen, und noch dazu angebetet sein, mit Verlust und Verdammniß vieler armen Seelen; darüm soll ihm mit allen Kräften, Macht und Vermögen widerstehen und wehren, wem Gottes Ehre und der Seelen Heil und Seligkeit lieb ist. Der Papst rühmet sich in seinen Drecketen: Er habe Macht, Fug und Recht uber alle Regiment im Himmel und Erden, ein Herr uber alle Herrn. Wie kann doch ein Mensch also reden? Das kann weder Gott noch Könige leiden. Er ist ein Eselskönig, wie man vom Könige zu Frankreich saget. Sein Tyrannei ist zu hoch gestiegen, er hat dürfen Kaiser und Könige mit Füßen treten, hat die ganze Welt unterdruckt und unter sich bracht mit dem Wort: »Du bist Petrus!« Niemand durft ihm einreden, und sagen: Worüm thust du das? Denn unser Herr Gott hatte die Welt geblendet durch kräftige Jrrthum, wie Daniel sagt: Bis der Zorn uber und aus ist.

Jch hoffe, er soll das Größte und Meiste gethan haben; und ob er gleich nicht gar fället, doch wird er nicht mehr zunehmen und steigen. Die alten Päpste waren frömmer und reiner; da sie aber begunnten nach dem Regiment und Herrschaft zu stehen, besorgeten, sie müßten wieder Diener werden: da konnte Cain seinen Bruder nicht länger dulden noch leiden. Und ist den Papisten nimmermehr zu vertrauen, wenn sie gleich Fried zusagen, verschreiben und verbriefen. Auf dem Tage zu Nürnberg erdichteten sie und nahmen ein Disputation vor, auf daß sie die Weile uns verdrucken und uberziehen mögen. Drüm laßt uns beten und wachen in diesem Friedstand, auf daß durch dies Licht des Euangelii Gottes Name geheiliget werde!«

31 *Die babylonische Hure*

contra	Deum	damnat	religionem,
	caesarem		politiam, eo quod interdixit sarcerdotibus ius caesareum,
	hominem seu virum		oeconomiam, prohibens suis matrimonium.

D*es Papsts dreifächtige Krone.* »Der Papst hat drei Kronen. Die erste ist stracks wider Gott; denn er verdammet die Religion. Die ander wider den Kaiser; denn er verdammet das weltlich Regiment. Die dritte ist wider gemeine Leute; denn er verdammet den Hausstand, hat den Priestern und seinen Geschmierten das kaiserlich Recht, die Ehe und Haushaltung, verboten.

Der Papst ist der rechte Rattenkönig der Mönche und Nonnen und Plättlingen, hat vor sechs hundert Jahren ungefährlich angefangen, aber zwei hundert Jahr hernach, da die Secten einrissen und uberhand nahmen, sehr zugenommen und gestiegen.«

Jch hab den Papst mit den bösen Bildern sehr erzürnet. O, wie wird die Sau den Berzel in die Höhe recken! Aber ob sie gleich mich tödten, so fresse sie erst Dreck, so der Papst, welcher auf der Sauen reit, in der Hand hat. Jch hab dem Papst eine güldne Schalen in die Hand gegeben, da soll ers erst credenzen.

Luthers Theorie und Urteile über die Fabel

Vorrede
(1530)

Etliche Fabeln aus Esopo, von D.M.L. verdeudscht, sampt einer schönen Vorrede, von rechtem Nutz und Brauch desselben Buchs, jederman wes Standes er auch ist, lüstig und dienstlich zu lesen. Anno M.D.XXX.

DJs Buch von den Fabeln oder Merlin ist ein hochberümbt Buch gewesen bey den allergelertesten auff Erden, sonderlich unter den Heiden. Wiewol auch noch jtzund, die Warheit zu sagen, von eusserlichem Leben in der Welt zu reden, wüsste ich ausser der heiligen Schrifft nicht viel Bücher, die diesem uberlegen sein solten, so man Nutz, Kunst und Weisheit und nicht hochbedechtig Geschrey[1] wolt ansehen. Denn man darin unter schlechten Worten und einfeltigen Fabeln die al-

32 *Ein Priester bittet die Göttin Isis, die Äsop Weisheit verleiht*

lerfeineste Lere, Warnung und Unterricht findet (wer sie zu brauchen weis), wie man sich im Haushalten, in und gegen der Oberkeit und Unterthanen schicken[2] sol, auff das man klüglich und friedlich unter den bösen Leuten in der falschen, argen Welt leben müge.

DAs mans aber dem Esopo zuschreibet, ist meins achtens ein Getícht, und vieleicht nie kein Mensch auff Erden Esopus geheissen, Sondern ich halte, es sey etwa durch viel weiser Leute zuthun mit der zeit Stück nach Stück zuhauffen bracht und endlich etwa durch einen Gelerten in solche Ordnung gestelt, Wie jtzt in Deudscher sprach etliche möchten die Fabel und Sprüche, so bey uns im brauch sind, samlen, und darnach jemand ordentlich in ein Buch fassen, Denn solche feine Fabeln in diesem Buch, vermöcht jtzt alle Welt nicht, schweig denn ein Mensch, erfinden. Drumb ist gleublicher, das etliche dieser Fabeln fast alt[3], etliche noch elter, etliche aber new gewesen sind zu der zeit, da dis Büchlin gesamlet ist, wie denn solche Fabeln pflegen von jar zu jar zuwachssen und sich mehren, Darnach einer von seinen Vorfaren und Eltern höret und samlet.

UNd Quintilianus, der grosse scharffe Meister uber Bücher zu urteilen, helts auch dafür, das nicht Esopus, sondern der allergelertesten einer in griechischer Sprach, als Hesiodus oder desgleichen, dieses Buchs Meister sey, Denn es dünckt jn, wie auch billich, unmüglich sein, das solcher Tolpel, wie man Esopum malet und beschreibet, solte solch Witz und Kunst vermügen, die in diesem Buch und Fabeln funden wird, und bleibt also dis Buch eines unbekandten und unbenanten Meisters. Und zwar, es lobet und preiset sich selbs höher, denn es keines Meisters name preisen köndte.

DOch mögen die, so den Esopum zum Meister ertichtet haben und sein leben dermassen gestellet, vieleicht Ursach gnug gehabt haben, nemlich, das sie als die weisen Leute solch Buch umb gemeines Nutzes willen gerne hetten jederman gemein gemacht (Denn wir sehen, das die jungen Kin-

33 *Äsop gibt die Speise dem Hund, statt der Frau*

dern und jungen Leute mit Fabeln und Merlin leichtlich bewegt) und also mit lust und liebe zur Kunst und Weisheit gefürt würden, welche lust und liebe deste grösser wird, wenn ein Esopus oder dergleichen Larva oder Fastnachtputz fürgestellet wird, der solche Kunst ausrede oder fürbringe, das sie deste mehr drauffmercken und gleich mit lachen annemen und behalten. Nicht allein aber die Kinder, sondern auch die grossen Fürsten und Herrn kan man nicht bas betriegen zur Warheit und zu jrem nutz, denn das man jnen lasse die Narren die Warheit sagen, dieselbigen können sie leiden und hören, sonst wöllen oder können sie von keinem Weisen die Warheit leiden. Ja, alle Welt hasset die Warheit, wenn sie einen trifft.

DArumb haben solche weise hohe Leute die Fabeln ertictht und lassen ein Thier mit dem andern reden, Als solten sie sagen, Wolan, es wil niemand die Warheit hören noch leiden, und man kan doch der Warheit nicht emberen, So wöllen wir sie schmücken und unter einer lüstigen Lügenfarbe und lieblichen Fabeln kleiden, Und weil man sie nicht wil hören, durch Menschen mund, das man sie doch höre, durch Thierer und Bestien mund. So geschichts denn, wenn man die Fabeln lieset, das ein Thier dem andern, ein Wolff dem andern die Warheit sagt, Ja zuweilen der gemalete Wolff oder Beer oder Lewe im Buch dem rechten zweifüssigen Wolff und Lewe einen guten Text heimlich lieset, den jm sonst kein Prediger, Freund noch Feind lesen dürffte. Also auch ein gemalter Fuchs im Buch, so man die Fabeln lieset, sol wol einen Fuchs uber Tisch also ansprechen, das jm der Schweis möchte ausbrechen, und solte wol den Esopum gern wöllen erstechen oder verbrennen. Wie denn der Tichter des Esopi anzeigt, das auch Esopus umb der Warheit willen ertödtet sey und jn nicht geholffen hat, das er in Fabeln weise als ein Narr, dazu ein ertichter Esopus, solche Warheit die Thier

34 *Warum die Menschen ihren Stuhl beschauen*

hat reden lassen, Denn die Warheit ist das unleidlichste ding auff Erden.

AUs der Ursachen haben wir uns dis Buch fürgenomen zu fegen[4] und jm ein wenig besser Gestalt zu geben, denn es bisher gehabt, Allermeist umb der Jugend willen, das sie solche feine Lere und Warnung unter der lieblichen gestalt der Fabeln gleich wie in einer Mummerey oder Spiel deste lieber lerne und fester behalte. Denn wir gesehen haben, welch ein ungeschickt Buch aus dem Esopo gemacht haben, die den Deudschen Esopum, der fürhanden ist, an tag geben haben, welche wol werd weren einer grossen Straffe, als die nicht allein solch sein nützlich Buch zu schanden und unnütz gemacht[5], sondern auch viel Zusatz aus jrem Kopff hinzu gethan, Wiewol das noch zu leiden were.

DArüber so schendliche, unzüchtige Bubenstück darein gemischt, das kein züchtig, from Mensch leiden, zuvor kein jung Mensch one schaden lesen oder hören kan, Gerad als hetten sie ein Buch in das gemein Frawen haus[6] oder sonst unter lose Buben gemacht. Denn sie nicht den Nutz und Kunst in den Fabeln gesucht, sondern allein ein Kurtzweil und Gelechter daraus gemacht, Gerade als hetten die Hochweisen Leute jren trewen grossen vleis dahin gericht, das solche leichtfertige Leute solten ein Geschwetz und Narrenwerck aus jrer Weisheit machen. Es sind Sew und bleiben Sew, für die man ja nicht solt Berlen werffen.

DArumb so bitten wir alle frome Hertzen, wöllen denselbigen Deudschen schendlichen Esopum ausrotten und diesen an sein stat gebrauchen. Man kan dennoch wol frölich sein und solcher Fabel eine des Abends uber Tisch mit Kindern und Gesind nützlich und lüstiglich handeln, das man nicht darff so schampar und unvernünfftig sein wie in den unzüchtigen Tabernen und Wirtsheusern. Denn wir vleis gethan haben eitel feine, reine, nützliche Fabeln in ein Buch zubringen dazu die Legend[7] Esopi.

35 *Äsop deutet das Wunderzeichen von Adler und Ring*

WAs sonst nutz und nicht schedliche Fabeln sind, wöllen wir mit der zeit auch, so Got wil, leutern und fegen, damit es ein lustiger und lieblicher, doch erbarlicher und züchtiger und nützlicher Esopus werde, des man one Sünde lachen und gebrauchen könde, Kinder und Gesind zu warnen und unterweisen auff jr zukünfftiges Leben und Wandel, Daher er denn von anfang ertichtet und gemacht ist.

UNd das ich ein Exempel gebe der Fabeln wol zu gebrauchen: Wenn ein Hausvater uber Tisch wil Kurtzweil haben, die nützlich ist, kan er sein Weib, Kind, Gesind fragen, Was bedeut diese oder diese Fabel? und beide, sie und sich darin üben. Als die fünffte Fabel vom Hund mit dem Stück Fleisch im Maul bedeutet, wenn einem Knecht oder Magd zu wol ist, und wils bessern, so gehets jm wie dem Hund, das sie das gute verlieren und jenes bessere nicht kriegen. Item, wenn sich ein Knecht an den andern hengt und sich verfüren lesst, das jm gehe wie dem Frosch an der Maus gebunden, in der dritten Fabel, die der Weihe alle beide fras, Und so fort an in den andern Fabeln mit lieb, mit leid, mit drewen und locken, wie man vermag, One das[8] wir müssen das unser bei jnen thun.

[1] wohlüberlegtes Wichtigtun. [2] einrichten. [3] ziemlich alt. [4] säubern. [5] anstößig, Ärgernis erregend. [6] Bordell. [7] Lebenslauf. [8] unbeschadet *unserer* Bemühung in dieser Richtung.

Über *Luthers Interesse an der äsopischen Fabel* berichtet Mathesius in der 7. Predigt (a.a.O., S. 140f.):

Weyl nun diß die artigst vnd subtilest weyse eine ist / bittere vnd scharpffe warheyt / die sonst feindselig vnnd vnangenem ist / also von grossen leuten auch inn die kinder / wie vberzukkerten Wurmsamen vnnd Kellershals zu bringen / vnnd hochberümpte leut offt mit solchen fabeln groß ding beyn Regen-

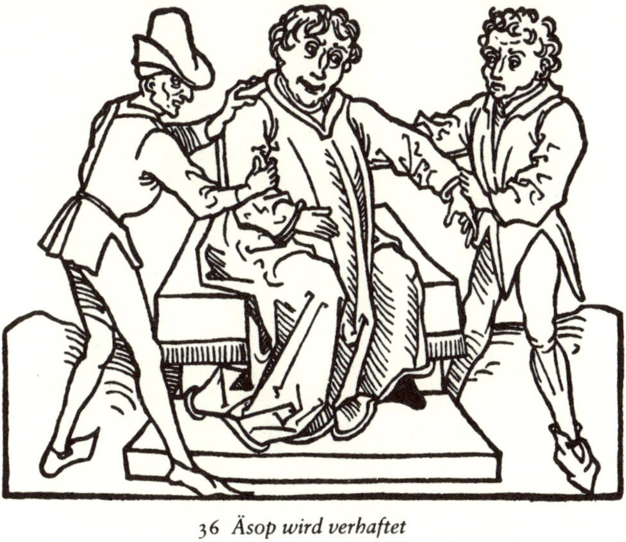

36 *Äsop wird verhaftet*

ten / Vnterthanen / Kind vnd Gesind außgerichtet / Hat vnser Doctor sein mühe vnnd arbeyt an den alten vnd verunreinigten Esopum legen / vnd seinen Deutschen ein vernewertes vnd geschewrets mehrlein buch zurichten wöllen / daran der zeyt vil guter leut ein sonders gefallen trugen. Denn als Er Philippus vnsers Doctors Vorrede vnd fabeln sihet / bit er jn er wölle fortfaren / vnd diß buch verrichten / er wölle jm tausent gülden bey eim grossen Herrn, dem ers zuschreiben solle / darfür zu wegen bringen.

Aber weyl sich der teure Mann an der Biblia / neben vil predigen vnd schreiben / abgearbeyt / verblieb diß angefangene werck / welchs anfang gleich wol Magister Georg Rörer hernachmals inn den neundten theyl der Deutschen bücher Lutheri hat bringen lassen. Ob aber wol dieser nützliche Esopus nicht zum ende bracht / hat doch der Herr Doctor zuvor vnd hernach uber tisch vnd in seinen büchern / wenn er zumal vom Regiment vnnd Hofwesen pflegte zu reden / der alten fabeln vnnd vernünfftigen sprichwörter / so inn Deutsche sprach auß den fabeln kommen sein / gerne gebrauchet.

Von Äsop

W*oll reden. Sexta legit praefationem suam in Aesopum, quem librum mirifice commendavit, qui esset plenus doctrinae et morum et experientiae. Deinde addidit:* Wer wol reden kann, der ist ein man. *Nam sermo est sapientia, sapientia est sermo.* Reden kombt vom raden, *a consilio;* sonnst heist gewaschen vnd nich geredt. *Ita Aesopus loquitur, non garrit; proponit rem et veritatem sub forma stulti mori.*[1] Noch mus er druber verfolgt werden.

Von Aesopo. Da D.M.L. seine Vorrede uber den Aesopus seinen Gästen las, lobete er uberaus sehr dasselbe Buch, daß es voll feiner guter Lehre, Sitten, Zucht und Erfahrung wäre, und sagte: »Wer wol reden kann, der ist ein Mann. Reden kömmt von rathen, *a consilio*; sonst heißt es gewaschen, und nicht geredt. Also redt Aesopus, wäscht nicht; legt ein Ding und die Wahrheit für unter einer andern Gestalt, als Fabeln, wie ein Narr. Noch muß er drüber verfolget werden.«

[1] Am 6. (November 1538) las er seine Vorrede zum Äsop und empfahl dieses Buch sehr, das reich sei an Lehre, Sitten und Erfahrungen. Dann fügte er hinzu (...). Denn Rede ist Weisheit, und Weisheit ist Rede. (...) So redet Äsop, er schwätzt nicht; er trägt die Sache und die Wahrheit unter der Gestalt des törichten Narren vor.

Darumb wer im weltlichen Regiment wil lernen und klug werden, der mag die Heidnischen bucher und schrifften lesen. Die habens warlich gar schön und reichlich ausgestrichen und gemalet, beide mit sprüchen und bildern, mit leren und exempeln, Aus welchen auch die alten Keiserlichen rechte komen sind. Und ist mein gedancken, das Gott darumb gegeben und erhalten habe solche Heidnische bücher als der Poeten und Historien. Wie Homerum, Virgilium, Demosthenem, Ciceronem, Livium Und hernach die alten feinen Juristen (gleich wie er auch andere zeitliche güter unter die Heiden und Gottlosen allezeit gegeben und erhalten hat), das die Heiden und Gottlosen auch haben solten jre Propheten, Apostelн und Theologos oder Prediger zum weltlichen regiment, wie auch S. Paulus der Cretenser Poeten, Epimeniden, jren Pro-

37 *Äsop wird vom Felsen gestürzt*

pheten nennet, Tit. 1. Und Mattheus die Heiligen drey Könige Magos nennet, darumb das sie der Araber Priester, Propheten oder Lerer waren. Also sind bey jnen Homerus, Plato, Aristoteles, Cicero, Ulpianus etc. gewest, wie bey Gottes volck Moses, Elias, Esaias etc. Und jre Keiser, Könige, Fürsten, als Alexander, Augustus etc. sind jre Davides und Salomones gewest.

(...) Und ich wil ander bücher jtzt schweigen, wie kündte man ein feiner buch jnn weltlicher Heidnisscher weisheit machen, denn das gemeine, albere kinderbuch ist, So Esopus heisst? Ja, weil es die kinder lernen, und so gar gemein ist, mus nicht gelten, Und lesst sich jder düncken wol vier Doctor werd, der noch nie eine fabel drinnen verstanden hat.

Äsops Fabeln

W*oher die schönen Fabeln Aesopi kommen sind, und was sie verursachet hat.* »Ich halte, daß der schönen Fabeln etliche daher kommen sind: als der grausame Tyrann, Kaiser Julianus, ein Mammeluck und verläugneter Christ, ernstlich im Kaiserthum verbot, die heilige Schrift und Gottes Wort offentlich zu lehren, predigen und zu bekennen, da waren zween fromme Bischofe (wie in der Kirchhistorien stehet), die worden Schulmeister und lehreten die jungen Knaben in den Schulen; die haben mit solchen Fabeln gespielet, mit verdackten und verblümeten Worten sie unterrichtet.«

Aesopi commendatio und Vom Nutzen der Fabel

I. *Aesopi commendatio. Aesopi fabulas vehementer laudabat: Dignas esse, ut transferrentur et in iustum ordinem et classes redigerentur; esse enim librum non ab uno homine compositum, sed a multis multorum saeculorum hominibus diligenter esse scriptum. Ideo valde utile esse, ut quis illum optime translatum iusto ordine statueret. Graves historias in primum librum, quae sententiosae sint et vetustate redolent, utiles reipublicae, esse congregandas: Deinde concinniores in alterum librum, reliquae in tertium seponendae. Et Dei providentia factum est, quod Catonis et Aesopi scripta in scholis permanserunt, nam uterque liber est gravissimus; hic verba et praecepta habet omnium utilissima, ille res et picturas habet omnium iucundissimas. Si moralia adhibeantur adolescentibus, multum aedificant. Summa, post biblia Catonis et Aesopi scripta me indice sunt optima, meliora omnium philosophorum et iuradicentium lacera sententia, sicut Donatus est optimus grammaticus.*

II. *Deinde recitavit aliquot fabulas graves:*

1. De lupo et ove. Der wolffe wold dem schefflein zu: Du hast mir das wasser getrubt! *R⌊espondit:* Trawen nein, stehestu doch vber mir. *Simplicissime res ipsa se excusat.* Du hast mir die weide fur dem walde abgehuttet! *R⌊espondit:* Hab ich doch keine zehene nicht, bin noch jungk. *Tertio:* Dein vater hot ein aldes mit mir! *R⌊espondit:* Was magk ich des? *Tandem lupus erumpit:* Sei so klugk, als du wilst, dich zuentschuldigen, ich mus dennoch fressen.

2. *Aliud exemplum, de ingratitudine: De lupo et grue. Lupo agnum devoranti os in collo illius restitit. Implorans gruem, ut ipse suo longo rostro os ex ipsius gutture amoveret. Quo facto grus praemium petiit. R⌊espondit lupus:* Sal ich

dir noch lonen? Das dich S. Velten ankomme! Du solst nach mir dancken, das ich dir nicht habe den hals ab gebissen.

3. *Alia fabula, ubi ius et vis: De leonina societate. Leo cum lupo, asino et cane cervam capiens partem petiit. Sed lupus famelicus in quatuor aequales partes distribuens a leone est iugulatus;* der zock im die haudt vber die ohren. *Videns hoc asinus omnes quatuor partes leoni tribuit. Interrogavit leo:* Wer hat dich diese teilung geleret? *R[espondit:* Der doctor im rothen bereidt! *Demonstrans ad lupum dilaceratum.*

Felix, quem faciunt aliena pericula cautum!

4. *Alia fabula: Non ubique omnia esse dicenda! Leo omnia animantia invitavit in suam speluncam malo olentem. Interrogans lupum, quomodo oleret? Ille dixit:* Es stinckt. *Deinde asinus adulari cupiens dixit:* Es reucht wol. *Vulpes tertio interrogatus dixit:* Ich habe den schnuppen. *Nonne apta proverbialis est responsio?* Ich habe den schnuppen, *id est, non licet quaecunque dicere.*

38 *Tiere vor der Höhle des Löwen*

39 *Zwei Gesellen und Bär*

5. Contra temeritatem. Alia fabula contra praesumptionem et temeritatem: Mercator quidam a venatore emit behrheute. Der jeger hatte ir nur 12 vnd vorkaufte im 13; do ers im geweren solde, furet ehr ihn zu eynem behre: Do hast sie! *dixit.* R⌊*espondit ille:* Uberantworte sie mir. Do er den behren stechen wolde, ergreif in der behr, zug im die haud vber die ohren vnd beys in yn ein ohre *abiens; venit ille ex arbore, quaesivit:* Was sagt dir der behr ins ohr heimlich? R⌊*respondit: Consuluit mihi,* ich solde nicht 12 heute fur 13 vorkeuffen.

III. *Nutz der Fabeln Aesopi.*
Doctor Martinus Luther lobete ein Mal sehr die Fabulas Aesopi, und sagte: »man sollte sie verdeutschen, und in eine feine Ordnung bringen, denn es wäre ein Buch, so nicht Ein Mensch gemacht hat, sondern viel großer Leute haben zu je-

der Zeit in der Welt dran gemacht. Und es ist eine sonderliche Gnade Gottes, daß des Catonis Büchlein und die Fabeln Aesopi in den Schulen sind erhalten worden. Es sind beide nützliche und herrliche Büchlein. Der Cato hat gute Wort und feine Praecepta[1], so sehr nütze sind in diesem Leben; aber Aesopus hat feine, liebliche *res et picturas; ac si moralia adhibeantur adolescentibus, tum multum aedificant.*[2] Und als viel ich urtheiln und verstehen kann, so hat man nächst der Bibeln keine bessere Bücher, denn des Catonis *scripta*, und die *Fabulas* Aesopi. *Meliora enim sunt scripta ista, quam omnium Philosophorum et Iuristarum laceratae sententiae. Ita Donatus est optimus Grammaticus.*«[3] Und sagte Doctor M. Luther drauf die Fabel von dem Wolf und Schaf. Item, diese lustige Fabel, *cuius Morale est: Non omnia ubique dicenda esse.*[4] Denn der Löwe hatte viel Thier zu sich in die Höhle, oder in sein Loch und Wohnung erfodert, darinnen es gar ubel roch und stunke. Als er nun den Wolf fragte, wie es ihm gefiele in seinem königlichen Hause oder Hoflager? Da sprach der Wolf: O es stinkt ubel hierinnen. Da fuhr der Löwe zu, und zuriß den Wolf. Darnach, als er den Esel fragte: Wie es ihm gefiele? und der arme Esel sehr erschrocken war uber des Wolfs Tod und Mord, da wollte er aus Furcht heucheln, und sprach: O Herr König, es reucht wol allhier. Aber der Löwe fuhr uber ihn her und zureiß ihn auch. Als er nu den Fuchs auch fragete: Wie es ihm gefiele, und wie es röche in seiner Höhle? da sprach der Fuchs: O ich hab jtzt den Schnuppen, ich kann nichts riechen. Als sollt er sagen: Es will nicht thun, daß man alle Ding nachredet; und wurde mit anderer Leute Schaden klug, daß er sein Maul hielt.«

Darnach erzählete D.M. Luther eine andere Fabel, *contra praesumptionem et temeritatem*[5], und sagete: »daß einer hätte eine Haut von einem Bären gekauft und bezahlet gehabt, ehe denn der Bär gestochen und gefangen wäre gewesen.« Darauf D. Luther sagete: »Man solle den alten Rock nicht eher wegwerfen, man habe denn einen neuen.«

I. Empfehlung des AESOP. Er lobte lebhaft die Fabeln des Aesop: Sie seien es wert, daß man sie übersetze und in eine angemessene Ordnung und in Gruppen einteile; das Buch sei nämlich nicht von einem einzigen Menschen verfaßt, sondern von vielen Menschen in vielen Jahrhunderten sorgfältig aufgeschrieben worden. Daher sei es nützlich, daß einer dieses Buch sehr gut übersetze und in die angemessene Ordnung bringe. Die gewichtigen Erzählungen, die gedankenreich seien und nach alter Erfahrung duften und nützlich für die Gemeinschaft seien, müßten im ersten Buch zusammengefaßt werden. Dann müßte man die kunstvolleren im zweiten und die übrigen im dritten Buch aufbewahren. Und Gottes Vorsehung bewirkte, daß die Schriften des Cato und des Aesop sich in den Schulen erhielten, jedes der beiden Bücher ist nämlich sehr gewichtig; dieser (gemeint sind die Disticha moralia des sog. Dionysios Cato) bietet die allernützlichsten Worte und Lehren, jener die allerliebsten Sachen und Bilder. Wenn deren ethischer Gehalt den Jugendlichen nahegebracht wird, leisten sie viel. Kurzum, nach der Heiligen Schrift sind die Schriften des Cato und des Aesop meines Ermessens die besten, besser als die beißenden Streitgespräche aller Philosophen und Rechtsgelehrten, sowie Donatus der beste Grammatiker ist. (Der röm. Grammatiker Aelius Donatus lebte um 350 n. Chr. und schrieb zwei im Mittelalter viel benutzte Grammatiken (›ars minor‹ und ›ars maior‹). Nach ihm wurde die lat. Elementargrammatik als ›Donat‹, ein Verstoß gegen sie als ›Donatschnitzer‹ bezeichnet.)

II. Alsdann las er einige bedeutende Fabeln vor:

1. Von Wolf und Schaf. (...) Es antwortete (...) Der Sachverhalt spricht ganz einfach für sich. (...) Schließlich stieß der Wolf heraus (...)

2. Ein anderes Beispiel, von der Undankbarkeit: Von Wolf und Kranich. Dem Wolf, als er das Lamm verschlang, blieb ein Knochen davon im Hals stecken. Er flehte den Kranich

40 *Löwe und Maus*

an, daß er selbst mit seinem langen Schnabel den Knochen aus dem Hals entferne. Nachdem dieser das getan hatte, begehrte der Kranich eine Belohnung. Der Wolf antwortete (...)

3. Eine andere Fabel, von Recht und Gewalt: Von der Löwen-Gemeinschaft. Der Löwe fing mit dem Wolf, dem Esel und dem Hund einen Hirsch und forderte seinen Teil. Aber der hungrige Wolf teilte in vier gleiche Teile und wurde vom Löwen getötet. Der zog ihm das Fell über die Ohren. Als dies der Esel sah, teilte er alle vier Teile dem Löwen zu. Fragte der Löwe: Wer hat dich diese Art des Teilens gelehrt? Er antwortete: Der Doctor im roten Barett. Dabei zeigte er auf den zerfleischten Wolf. Wohl dem, den fremde Gefahren vorsichtig machen!

4. Eine andere Fabel: Man muß nicht überall alles aussprechen! Ein Löwe lud alle Lebewesen in seine übel riechende

Höhle ein. Er fragte den Wolf, wie riecht es? Jener antwortete: Es stinkt. Hierauf, begierig sich anzubiedern, sagte der Esel: Es riecht gut. Der Fuchs, an dritter Stelle gefragt, sagte: Ich habe Schnupfen. Ist das nicht eine passende, sprichwörtliche Antwort? Ich habe Schnupfen, das heißt, man darf nicht immer alles sagen.

5. Gegen die Leichtfertigkeit. Eine andere Fabel gegen die Anmaßung und die Leichtfertigkeit: Ein Kaufmann kaufte von einem Jäger Bärenhäute (...) sagte er. Jener antwortete (...) und lief weg; jener kam vom Baum herunter und fragte (...) Er antwortete: Er gab mir den Rat (...)

III. Anmerkungen

[1] Lehren. [2] Sachen und Bilder; und wenn deren ethischer Gehalt den Jugendlichen nahegebracht wird, leisten sie viel. [3] Besser nämlich sind diese Schriften als die beißenden Streitgespräche aller Philosophen und Rechtsgelehrten. So ist Donatus der größte Grammatiker (...) [4] deren Lehre lautet: Man muß nicht überall alles aussprechen. [5] gegen Voreiligkeit und Unbesonnenheit.

Luthers Sprichwörter-
sammlung

1. Art gehet vber küñst
2. Da steckts
3. Jst lange nicht zum bad gewest
4. Gute schwymer ersaŭffen gern
5. klymmer fallen gerne
6. Es sind Wort
7. Die gelerten die verkereten
8. Es ist ym yns maül komen
9. Wer weis wer des andern schwager ist
10. Der weg gehet fur der thur
11. Mancher vbel von weibern redet
Weis nicht Was sein mutter thet
12. Lessch mir den reym aus
13. Berg ab seuberlich
Berg an leret sichs selbs
14. Er ist ein hund wenn er zagel hett
15. Er furcht sich fur seinen [eigen] staren
16. Der hymel wird auff dich fallen
17. Er Reÿt
18. Auff den esel setzen
19. Ein guter anheber ist aller ehren
20. Zwey sorgen mehr denn eiñs
21. Viel hende machen leicht erbeit
22. Zittern hilfft nicht fur den tod
23. Trew erbeiter, beten zwifeltig
24. Herrn gnade, April wetter
Frawen gonst
25. Wer was eigens hat greiff drein wie eine saltzmeste
26. Ein boser ris ynn ein gut tuch
27. Finster kirchen liechte hertzen
Helle kirchen tunckel hertzen
28. Ein offenbar lugen ist keiner antwort werd
29. Wer vber sich hewet dem fallen die span ynn die augen
30. Es ligt an den wolffen nicht das die pferde / hunde sterben

31. Der hund hat ledder fressen
Wenn man einez zu wil
32. Ein sache von eim alten zaun brechen
33. Wem das kleine verschmahet wird das grosser nicht
34. Spiel wil augen haben
35. Der katzen spiel / ist der meuse tod
36. Were mirs am rock / so wolt ichs wol abwasschen
37. Ein man kein Man
38. Einem zu enge dreyen zu weit zweyen gerecht
39. Wenn der strick am hertisten hellt so bricht er
40. Ein mal ehre
Zwey mal zu seere
Dritte mal bezale
41. Mag sachte, was do hilfft
42. Es ist besser ichts denn nichts
43. Nicht ist ynn die augen gut
44. Mag sachte was ein man zieret
45. Gerat wol [korn] pfeiffe
46. Wer fleucht den iagt man
47. Wer den anden iagt, wird auch mude
48. Saŭr macht essen
49. Auff rosen gehen
50. Narren sind [auch] leute aber nicht wie ander leute
51. Jhenest des berges sind auch leute
52. Curt ist auch bose
53. Ich auch / sprach der hund
54. Henge ymer hiñ
55. Hut dich / mein pferd schleht dich
56. Grosse narren grosse schellen
57. Alber hat gefiddelt
58. Er ist alber / Batt ynn hosen
59. Es bornt horn
60. Die beschiede hündlin fressen die wolff gerne
61. Der wolff frisset kein zil
62. Der wolff frisset die gezalte schaff auch

63. Alte schult rüstet nicht
64. Dem bier ist recht gegeben
65. Jung gewon alt gethan
66. Sorgest fur vngelegte eyer
67. Eine krahe hack der ander kein auge aus
68. Der wolt gerne scheissen wenn er dreck ym bauche het
69. Scheis ynn die bruch vnd henge sie an den hals
70. Sein dreck stinckt auch
71. Es wil dreck regen
72. Mein brod ist gebacken
73. Wo herrn sind, da sind decklaken
74. Wers kan dem kompts
75. Aber fest
76. Es ist vieh vnd stal
77. Gros geschrey und wenig wolle
78. Zeug macht meister
79. Gleich und gleich gesellet sich gerne zum koler
80. Gott ehre das hand werg dixit lictor ad Jüristam
81. Es regne aus so wirds schon wetter
82. Wer nyrn ist der wird nymer sat
83. Die heiligen zeichen gerne
84. Er gebe allen heiligen nicht ein tocht
85. Versenge mir die ruben nicht
86. Er nympt kein blat furs maul
87. Er lesst kein spin web fur dem maul
88. Es gehet vnter dem hutlin zu
89. Es gillt vber redens
90. Reucht meüse
91. Reücht den braten
92. Stiñckt [yhm] schwert eiñ ohr
93. Du hettest schier ein wolff erlauff
94. Ich mus han als hette mich ein hund gebissen
95. Es schmeckt nach dem fasse
96. Er hat den schnuppen
97. Heilige leute mussen viel leid

98. Ich mag yhr nicht   Sie sind < saŭr / schwartz
Ex fabula de < vüis piris / testicülis Castoris
99. Hie ist muhe und erbeit verlorn
100. In solchem wasser feht man solche fiss
101. Fur dem hamen fisschen
102. In grossem wasser fehet man grosse / Im kleinen kleine fissche
103. Ein loser fisscher
104. Bleib daheymen mit deinen faulen fisschen
105. Stille wasser tieff
106. Was die alten thun / das lernen die iungen
107. An den lappen lern die hund ledder fressen
108. Wer gern tantzt mag man leicht pfeiffen
109. Er hat fynn yn der nasen
110. Er hat humel ym arse
111. Er hat gryllen ym kopffe
112. Lange siechen der gewisse tod
113. Lang ist nicht ewig
114. Zwisschen zweyen stulen nidd' sitzen
115. An hymel halten
116. Schemel auff die benck stellen
117. Huner den schwantz auff bind
118. Fersen gellt geben
119. Hasen pañier
120. Wie der hase bey seinen iŭngen
121. Vogel singt wie der Schnabel gewachsen
122. Nymer mehr
dixit· krehet ein küe wie ein han
123. Armut wehe thut
124. Die glock ist gegossen
125. Samle dich glockspeise / der teuffel wil ein morsel giesen
126. Das redlin treiben
127. Das spiel wil sich machen

128. Zu pfingsten auff dem eys
129. Riñcken giessen
130. Blewel schleiffen
131. Im Schalcks berge hawen
132. Den boltzen Fiddern
133. Er hat / wie ihener die amseln
134. Den ahl beym schwantz
135. Brey ym maŭl
136. kalt und warm blasen
137. Aus holem topffen reden
138. Sich losen   Er hat sich geloset
139. Sich ausdrehen   entschuldigen
140. Fedder leser
141. oren klauber
142. ohren bleser
143. ohren melcker
144. Hund fur dem lawen schlahen
145. Wers gluck hat furet die braŭt heym
146. Wer ehe kompt der melet ehe
147. Wer es reŭcht / aŭs dem es kreŭcht
148. Frawen sol man loben es sey war odder gelogen
149. Wer die nasen ynn alle winckel steckt / der klemmet sich gerne
150. Guter rat / kam nie zu spat
151. Er bornet sich < weis / helle
152. Er hat sich verbrant
153. Eben heis / bornet nicht
154. Er hat sich beschissen
155. Er fellt vber den hŭnd
156. Kan widder [getzen] noch eyer legen
157. Wer nicht singen kan der wil ym'
158. Der esel hebt zu hoch an
159. Hinaŭs siñgen
160. Hastu eingebrockt / du müsts aussessen

161. Er taug fur alle hŭnde nicht
162. Rüme dich rüplin / dein Vater ist ein kolwürm
163. Wie du wilt vogelin / wiltu nicht essen
164. Taus es hat nicht
Ses zinck gib nicht
Quaterdrey halten vns frey
165. Aus den aŭgen / aus dem hertzen
166. Stos dich nicht
167. Man keññet den fogel bey den feddern̄
168. Hŭnde hiñcken
frawen wiñcken
kauff man schweren
da sol sich niemand [an] keren
169. Wer hellt wenn er hat
Der findet wenn er darff
170. Hüt dich fur kan nicht
171. Hüt dich wenn der blode kun wird
172. Wenn die alten hunde bellen sol man hinaus sehen
173. Wo die huñde bellen / ists dorff nicht wust
174. Aus lerer tasschen [ist] bose gellt zelen
175. reuff mich In der hand
176. Wenn man das ferkel beŭt / sol man den sack zu halten
177. Hut dich fur den katzen
Fornen lecken / hinden kratzen
178. Hut dich fur dem vogel / der den schnabel auff dem rucken tregt
179. Fewr bey mir holen
180. Hunde seer bellen / die beissen nicht
181. Du wirst den wirt dort auch da heym finden
182. Wer nicht brod essen mag der wandere
183. Auff nadlen gehen
184. Es ist ein < sack / balck
185. Am ramen / vnd anschlegen [gedancken] gespannen tuch ⌊gehet viel abe

186. Got gebe faulen henden das falübel

187. Jŭcket dich die hawt

188. Ein messer behellt das ander ynn der ſcheiden

189. Die laüs ist ynn grind komen

190. Jnn baürn gehort habber stro

191. Wenn man den baürn vnter die banck steckt / so ragen doch die bein erfur

192. Der man ist an das schwerd gebund

193. Klein leuten ligt der dreck nahe

194. Du machsts so vneesse

195. Ein arm man sol nicht reich sein

196. Nacht frist / iar frist

197. Ein willig pferd nicht zu seer reiten

198. Wenig mit liebe teilen

199. Blind man arm man.

200. Ist besser teydingen ausser denn ym stock

201. Das stund wol ym brieffe

202. Das laŭt

203. Es gieng yhm bey dem kopf hin.

204. Mütlin küelen

205. Er ist ein Seycher < lŭn̂tros
hümpler > Schelm

206. An armen hoffart wisscht der teufel den ars

207. Ich muste susse singen

208. Ich muste lange harren

209. Ein ander her / ders besser kan

210. Kuckuc rufft sein eigen namen aŭs

211. Ein lochericht sachen

212. Es wil yhm nicht zawen

213. Unrecht gut Drŭhet nicht

214. Kompst wie der hagel ynn die stoppel

215. Im Winter hat ein arm man so wol ein frisschen trünck odder kalten keller als der reiche

216. Kan̂ nicht drey zelen

217. Kan nicht ein hünd aus dem ofen locken

218. Er beisst des füchses nicht
219. Die saw hat ein pañtzer an
220. Thü dich zün leüten so geschicht dir guts
221. Wenn ich das nicht kundte were ich ein schlymmer schüknecht
222. Man kundt yhm das heubt ym Morser nicht treffen so klug ist er
223. Gehestu aüff dem heŭbt?
224. Gehstu auff den oren?
225. Er gehet auff eyerñ
226. Wie der krebs gang
227. Wer des feürs darff / suchts ynn der asschen
228. Es ist ein guter zünder
229. Wer ñicht zu reiten hat / der mag gehen
230. Dir ist gut gram zu sein / Hast nichts
231. Es ist nicht not die schaffe sengen Die wolle gilt wol gellt
232. Kutzel dich nicht selbs du lachest dich zu tod
233. Es ist nicht rat / Es ist vnrat
234. Man boygets so lange bis es bricht
235. Er hat einen sparren verloren
Alte hunde sind nicht gut bendig zu machen
236. Colla Canū veterū nolünt admittere lora
237. Schuch drucken
238. Es mus ein mager brate sein dar nichts von ab tropfen
239. Ein gute griebe auff meinen kol
240. Das kam recht ynn die kuche
241. Wes die küe ist / der neme sie bey dem schwātz
242. Wo taŭben siñd / da fliegen tauben zu
243. Wem das wenige verschmaht wird etc.
244. Wer eiñen pfennig nicht acht / wird keines guld herr
245. Wer den schaden hat / darff fur spott nich
246. War mir liebet / das leydet mir niemād
247. Eiñ freŭndlich angesicht / deckts alles

248. freundlich wirtt / das beste gericht
249. Lan̂gsam sitzt vbel
250. Frŭe aus vnd ynn die herberge
251. Hat frissche bein̂e / aber stehen ym maŭl
252. Mein synn der beste
253. Ich thet das beste
254. Was wol reŭcht bin ich
255. Das maŭl schmieren
256. Die Hen̂de schmieren
257. Sind wir doch auch mit ym schiff
258. Ich wil dir den teŭfel braten
259. Wers erharren kunde / Er wurd alles gut
260. Wer ym rohr sitzt / schneit die beste pfeiffe
261. Dreck lesscht auch feŭr, Bescheisst aber die brende
262. Auff ein affen schwātz
263. Ich sehe dirs an dein aŭgen an
264. Er hat nie kein wasser betrubt
265. Wie der hŭnd on flohe vmb S. Joh.
266. Wenn man den baŭrn flehet / wechst yhm der baŭch
267. Todten scheissen tragen
268. Tieff ein reissen
269. Stŭck vmb stuck
270. Ein̂s vmbs ander, keins Vmbsonst
271. Auff dem brett bezalen
272. Barüber bezalen
273. Wasser vber den korb gehen
274. Faŭle merckt werden die besten
275. Kleine / Grosse > kin̂der < Kleine / Grosse > sorge
276. Leffel aŭffheben Schussel zu tretten
277. Wer zŭrn̂et / wird schwartz facie / faŭore
278. Das ist hie ein gemein essen
279. Wo hencken recht ist / da ist steupen kirmesse
280. Vmbkeren das beste am tan̂tze

281. Ein saŭr / scharff / wind ist das /
282. Hie hatts scharff gewebt
283. Es geht yhm saŭr ÿnn die nasen
284. Der nasen ymer nach
285. Er wil ymer den holtz weg
286. Bleibt nicht auff der bañ
287. Ich hab meine kleider alle an
288. Du wilt mich lieb haben
289. Wilt mich geheyen
290. Hast mir ynn ars gesehen / siehe widd'
291. Gegen dem baŭm sol [man] sich neygen dauon man schatten hat
292. Auff dem kropchen sitzen lassen
293. Schinpfchen lege dich
294. Schimpff wil sich machen
295. Du Schimpffest wi ·N· mit seiner mutter Sties yhr scheit ynn ars /
296. Schertzest wie ein beer
297. Jünge hunde mussen talmen
298. Hat das gemein gebet verloren
299. Ich wil yhm bose briefe nach schreiben
300. Hat das gemeiñ geschrey verloren
301. Stehet mit allen schanden
302. Er darff der mühe nicht
303. Lachen verbẹissen
304. Ein lieb sucht das ander
305. Viel ist ehrlich
Wenig ist Gottlich
306. Kopp vnd teyl
307. Schopff vnd Schwantz
308. Jnn einen saŭrapffel beissen
309. Bissen vber macht essen
310. Verbeyssen
311. Gott ist der narren furmŭnde
312. Durch den korb fallen

313. Ein pflocklin dafur stecken
314. Ein riegel dafur zihen / Schieben
315. Wischt das maul vnd geht daüon
316. Wie kompt das zu marckt
317. Er kans nicht zu marckt bringen
318. Es ist nicht essens schuld sondern der grossen truck
319. Die allten narren die besten
320. Alder hilfft nicht fur torheit
321. ZEIT (nō labor) macht hew
322. Zeit hat ehre
323. Das futter sticht dich
324. Es ist yhm zu wol
325. Wen der ·T· schenden wil, henget er den
mātel umb
·i· fürs caput
sic religiosos fallit specie pietat hereticos
326. War umb schlug der teufel seine mutter
327. Gute meister feylen auch
328. fellet doch ein ros auff vier fussen
329. Ein Wort ist an kein keten gebunden
330. Ein Wort ist kein pfeil
331. Er kan verhoren wil weise werd
332. Aus an galgen
333. Aus an hartz nach stǔtzen lauacris Vasis
334. Da wil ehre aus werden
335. Dem sack ist der boden aus
336. Das geht von hertzen Vel Nicht
337. Es añet mir
338. Mein hertz sagt mirs
339. Es ligt myr auff dem hertzen
340. Er frisset [sich] drumb
341. Sie beissen sich mit einander
342. Ich habs ym synn, hett ichs ym beutel
343. Es geht mir yns hertz
344. Das schmeckt

345. Das hertz empfellet yhm

346. Er hat < Ein / kein hertz

347. Was were dreck wenn er nicht stüncke

348. Er leüget das stinckt

349. Er stincket

350. Das ist das ende vom liede

351. Kopff auff setzen

352. Horner auff setzen

353. Katze das beste vihe

354. Spitz zünglin

355. Schwach gespannen

356. Den T < an die wand / vber die thur > malen

357. zu gefatter bitten

358. Was die tauben erlesen hetten

359. Dich wird nach der sonnen frieren

360. Es ist aus das man speck auff kolen bret

361. Jst nicht not speck auff kolen braten, das fett treuff in die assche

362. Wer mit eülen beitzt fehet meüse

363. Wer nicht kalck hat mauret mit dreck

364. Fisschen auff treügem lande

365. Aus dem stegreiff sich neeren

366. Wer viel feret / mů̈s viel wagen haben

367. Far hin wirfft nicht vmb. in rebelles dicit'

368. Tantz iglicher auff seinen fussen / Stosst er sich / wirds wol fulen

369. Wechsel ist kein raub

370. Tret keiner den andern

371. Meuse dreck vnter pfeffer

372. Wer sich vnter die trebern menget / den fressen die sew

373. Culex de Camelo

374. Musca [in] Curru

375. Kurtz angebunden

376. Kurtz verhawen
377. Das maul damit wasschen
378. Die karten mengen
379. Das Spiel verderben
380. Jns Spiel komen
381. Jch sŭnge dir nicht vom habber sack
382. Kuche vber den zaün, kuche herwidder

hellt gute < gefatterschafft / nachbarschafft

383. Triebe nicht eine gans vber den weg
384. Auff einen trunck treten
385. Viel zu lange geschlaffen
386. Es ist so hin
387. Hin ist Hin
388. Sonn yn den ars scheinen
389. Er ist nase weise
390. Horet das gras wachsen
391. Bescheisst sich ynn der weisheit
392. Eine kappe schneiten
393. Im maule mehren lassen
394. Bey der nasen furen
395. Kurtz vnd gut
396. Schinden vnd schaben bis auff die bein / auff den grat
397. Horchst wie ein saw die ynns wasser seicht, pfercht
398. Du soltest nicht ehr rede die küe fiste denn
Denn soltestu sprechen liebe gros mutteR
399. Ja ein dreck auffs maul
400. Ja es war ein dreck
401. Ist doch wol ehe so krum holtz zur heyen word
402. Es krümpt sich bald / was ein hacken werd wil
403. Er ist Deñisch ptinax
404. Er hat ein zehe haut
405. Er lesst die finger gern ankleben
406. Er ist mit der sylbern buchsen geschossen
407. Er neme gellt vnd liesse holtz auff yhm hawen

408. Er durfft ein land verraten
409. Wer bey den wolffen sein wil / mus mit yhn heülen
410. Gelt ist sein herr
411. Pfennig sol mein herr nicht sein / ynn den̅a̅
412. Das ist sein hertz
413. Man muste dirs furkewen
414. Man muste dirs einstreichen
415. Wirdt sich fur leide bescheissen
416. Ein schwerer vogel
417. Ochsen am berge stehen
418. Grosser vogel mus ein gros nest haben
419. Las die sporen vertrieffen
420. Eine Dreck Scheis kethe
421. Feur ym arse
422. Speck ym nacken
423. Du bist der rechter klugelin zeümest das pferd ym arse
424. Kanst an der wigen sehen / wenn sich das kind beschissen hat
425. Du bist so klug als polter wolt den ars wisschen vnd brach den daumen zwey
426. Es zawet dir wie das pissen widder den wind
427. Schreibst wie der weg nach Rom gehet
428. ⟨Klinget wie ein fortz ym bade⟩
429. Es wil hund oss malen molere quod canis edit
430. Klinget als wenn man dreck mit peytzschen hewet
431. Gewis wie ein fortz ynn der reussen
432. Feucht wie ein bade – ym b s t f
433. Weis nicht wo er daheym ist
434. Wie ein katze vmb den brey
435. Das kurtze mit yhm spielen
436. Der peltz ist wol verkeufft
437. Er schleht yhn ynn den nacken
438. Er hat yhn hinder den ohren
439. Hat ein scheitt ym rucken
440. Ein weiser man thut kein kleine torheit

441. Es ligt an eym guten ausleger
442. Torheit macht erbeit
443. Torlich wort bringen torlich werck
444. Gedult behellt vnschuld
445. Trewme sind lugen / Wer yns bette scheisst das ist die warheit
446. Er hats am griff wie ein fiddeler
447. Ein henne scharret mehr weg denn hanen erzu scharren
448. Alte < kühe / zigen lecken gerne saltz
449. Ritter on muhe / Kalbfleisch on geel bruhe
450. Nymer ynn einem stall stehen
451. Was die kinder sehen das wollen sie han
452. Besser die iüñgen weinen denn die alten
453. Am besten der beste kauff
454. Heis fur dem kopff
455. Hat ein heisse stirn
456. Er ist vnter den hünern gesessen
457. Ey ist kluger denn die henne
458. Gut ding wil weil haben
459. Verraten vnd verkaufft
460. Wens ende gut ist / so ists alles gut
461. Mancher geneüsst seiner mutter vnd nicht seines Vaters
462. Was sol narren das gellt Sie legens ynn die kacheln vnd verbornens
463. Zween harte stein malen nicht
464. Jm Sacke keuffen
465. Jm Sacke verkeuffen
466. Er weis wie eym schalck vmbs hertz ist
467. Wenn das kindlin sein willen hat so weinets nicht
468. Nicht vnter die banck stecken
469. Kein blat fur das maul nemen
470. Kein Spin web fur dem maul wachsen
471. Er kan seiner ohren nicht erharren
472. Hart gegen hart

473. Schweren stein kan man nicht weit werffen
474. Zween hunde beissen einen
475. Er hat sich ynn der weisheit beschissen
476. Ein bube auffm ros
Ein bubin auffm schlos
Ein laus ym grind
Sind drey stoltze ding
477. Leffel auffheben schussel zübrechen
Wer ein ding nicht bessern kan der las das bose stehen
478. Vbel erger machen
479. Senffte wort harte straffe
480. Kunst gehet noch brod
481. Strecken nach der decke
482. Rewkauff Liebkauff Lin̂ckauff
483. Bistu da zu rissen
484. Der teuffel < reit dich
485. ist dir ynn haren
486. Satan larvam induit sicut homines
Deus abscondit faciem
487. Er hat das liebe brot semmel geheissen
488. Was nicht dein ist, das las ligen
489. Was dich nicht bornet das lessche nicht

Anhang

Quellennachweis und Kommentar

Ich zitiere nach der Weimarer Lutherausgabe WA: Werke, WA Br: Briefe, WA TR: Tischreden, WA Die deutsche Bibel: Bibelübersetzung. Durch eckige Halbklammer gekennzeichnet sind Wörter, die Luther über oder unter die Zeile schrieb. Die Schreibweise ist durchgehend bei a, o, u mit überschriebenem e in ä, ö, ü geändert.

Etliche Fabeln aus Esopo

Übersicht und Quellennachweis (WA 50)
Druckfassung, HS 1 und HS 2

Hahn und Perle	455	440	448
Wolf und Lamm	455 f.	441 + 444 f.	449
Frosch und Maus	456	441 f.	449
Hund und Schaf	456	442	450
Hund im Wasser	457	442	450
Löwe, Rind, Ziege, Schaf	457	442 f.	450 f.
Löwe, Fuchs, Esel	457 f.	443	451
Dieb	458	445	
Kranich und Wolf	458	445 f.	
Hund und Hündin	459	446	
Esel und Löwe	459	447	
Stadtmaus und Feldmaus	459 f.	447 f.	
Rabe und Fuchs	460	444	

I. Steinhöwel bezieht die Fabel von *Hahn und Perle* im Sinne der Tradition auf Äsop, auf diejenigen, die ihn lesen und nicht verstehen. Luther folgt ihm hier wie im narrativen Teil der Fabel. Der von Steinhöwel nicht näher bestimmte Nutzen der Fabel (»nüczlich«) wird in Luthers Epimythion entsprechend der Intention seiner Fabelbearbeitung auf »kunst und weisheit« verengt und diese Verengung durch das folgende

Sprichwort nochmals hervorgehoben. Der Bauer, der im Manuskript fehlt, steht synonym für »grobe leute« im Sinne von unwissende, ungebildete Menschen und ist nicht standesspezifisch zu verstehen. Luther »verdeudscht« den Äsop, wie es im Titel heißt, für »jederman wes Standes er auch ist«.

Bereits die ersten Sätze dieser Fabel von der Fabel zeigen im Vergleich mit der Vorlage die sprachliche Leistung Luthers. Steinhöwels Sprache ist schwerfällig und eng am Urtext. Luther spart aus, beschränkt auf das Wesentliche und wählt volkstümlich-anschauliche Bilder (»kot« für »unwirdige stat«). Aus Steinhöwels »gytiger« (für »cupidus«), das Luther zunächst mit dem farblosen »mancher« wiedergibt, ist in der Reinschrift ein Kaufmann geworden – offensichtlich in *sprachlicher* Anlehnung an das Reich-Gottes-Gleichnis von der kostbaren Perle (Matth. 13,45 f.), das in Luthers Übersetzung von 1522 (WA Die deutsche Bibel 6,66) lautet:

»Abermal ist gleych das hymelreych eynem kauffman der gutte perlen suchte, und da er eyne kostliche perlen funden hatte, gieng er hynn, und verkauffte alles was er hatte, unnd kauffte die selbigen.«

Ursprünglich hatte Luther für diese Fabel zwei ganz unterschiedliche Epimythien geschrieben. Im ersten bezog er sie auf die Juden, die Jesus als Messias ablehnten und kreuzigten. Es war erheblich mehr als nur »Takt- und Stilgefühl« (Neubauer 1891, S. 93), was Luther veranlaßte, diesen Text nicht in die Reinschrift zu übernehmen. Seine spontane Arbeitsweise, die gleichzeitige Bibelübersetzung, vielleicht auch das Lemma »Torheit« (Paulus predigte bekanntlich, daß das Wort vom Kreuz für die Juden ein Ärgernis und für die Heiden eine Torheit sei) hatte ihn vorübergehend zu einer Vermischung der Reiche verleitet, wie wir sie später in anderer Weise bei Chytraeus finden werden, der eine christliche Ethik mit weltlichen Fabeln zu schreiben versuchte.

Der Ansicht, daß dieser Abschnitt, der in der Reinschrift fehlt und von Rörer auch nicht in die Druckfassung übernommen wurde, »durch die Einführung des Kaufmanns erhalten« bleibt, vermag ich ebensowenig zu folgen wie der Feststellung: »Im Bild von Kaufmann und Perle werden Weltweisheit, wie sie die Fabel bietet, und Gottesweisheit, wie sie das Evangelium von Christus erschließt, zumindest eng miteinander verbunden, wenn nicht in eins gesetzt.« In der Tischrede Nr. 6523 (vgl. S. 168 dieser Ausgabe / WA, TR 6,16), auf die Düwel / Ohlemacher (1983, S. 139 und S. 143) in diesem Zusammenhang verweisen, versteht Luther die Fabel nicht als einen Ersatz für die verbotene Predigt. Treffend dagegen erscheint mir das Urteil von Klaus Speckenbach (1978, S. 211): »Die Sinnrichtung des Gleichnisses (nämlich zu zeigen, daß der Kaufmann alles für das Himmelreich hingibt) verfolgt Luther jedoch mit der Fabel nicht. Deshalb erscheint in der Druckfassung auch eine als Beispiel gedachte Argumentationsreihe der Handschrift nicht mehr, weil hier der Fabelsinn leicht als religiöse Unterweisung hätte mißverstanden werden können.«

II. Bei der Fabel von *Wolf und Lamm* läßt Luther wie bei allen Textbearbeitungen das Promythion weg und beginnt unmittelbar mit der Handlung. Daß er jedes Wort bedenkt, zeigt bereits sein erster Satz. Er läßt »durstig« weg, da es für den folgenden Disput und die anschließende Tat unwichtig ist, und ergänzt ›on gefer‹ (im Sinne von: ohne Gefahr, weil weit weg) – in Anlehnung an das von Steinhöwel nicht übersetzte »e diverso« (entfernt; auf verschiedenen Seiten; vgl. dazu den Holzschnitt aus dem Ulmer Äsop S. 31 dieser Ausgabe) der lateinischen Vorlage. In der Reinschrift ergänzt Luther außerdem, daß der Wolf zu dem Schaf lief. Luther wählt die Verkleinerungsform; er unterstreicht damit die Hilflosigkeit und trifft den Disput besser.

Das erste Scheinargument wird in Luthers Formulierung zu einer echten Frage. Das Lamm ist nicht mehr »geduldig« und gibt den Vorwurf zurück: »Du mochtest mirs wol trüben.« Den anthropomorphen Kommentar läßt Luther weg und schließt gleich den nächsten Vorwurf an. Die Erwiderung des Lamms ist bei ihm reflektierter als bei Steinhöwel, da sie die Sippenhaft als Argument des Wolfs verdeutlicht (»wie sol ich meins Vaters entgelten?«). Bei der letzten Anklage ersetzt Luther das sprachlich falsche »auch« Steinhöwels durch »aber« und formuliert rhetorisch wirksamer.

Auf den vierfachen Wechsel von Rede und Gegenrede (actio und reactio) folgt bei Steinhöwel eine schwerfällige Beschreibung des Ergebnisses. Daß der Wolf zornig wird, wie Steinhöwel entsprechend seiner Vorlage schreibt, ist irreführend, könnte beim Hörer oder Leser den Eindruck erwecken, daß erst die Antwort des Lamms den Wolf zur Tat treibt, während sie doch von Anfang an geplant war und durch die Anklagen lediglich den Anschein des Rechts erhalten sollte. Luthers Formulierung ist brillant, vor allem in der Erstfassung (ohne das mißverständliche »ausrede«), und zeigt bereits durch den Anfangspartikel (»Ey«) die lachende Gewalt, die auch auf den Schein des Rechts verzichten kann.

Die berühmte Fabel von *Wolf und Lamm,* die nicht nur in den alten Sammlungen vielfach statt der programmatischen Fabel von Hahn und Perle an erster Stelle steht (vgl. die zahlreichen Beispiele in: Dithmar 1988), hat Luther als einzigen Text dreimal bearbeitet. Im Manuskript findet man sie entsprechend der Vorlage an zweiter Stelle und dann nochmals ohne Überschrift und ohne das Lemma »Hass«, das dem Sinn der Fabel nicht gerecht wird, eingeschoben vor der Fabel vom Dieb. Bei dieser Variante nimmt Luther im narrativen Teil einige kleinere sprachliche Veränderungen vor und reduziert das Epimythion – unter der ungewöhnlichen Überschrift »Deutung« statt der sonst üblichen »Lere« (seltener »Diese Fabel zeigt«) – auf den einen Satz »Wenn man dem hunde zu wil, so hat er ledder fressen.« Dieses Sprichwort, das wir auch in Luthers Sammlung finden (Nr. 31), wird zwar der Aussage der Fabel nur bedingt gerecht, trifft sie aber immerhin noch besser als das ausführliche Epimythion in den anderen Fassungen Luthers. Hier ist bereits die wohl als Verständnishilfe gemeinte Ergänzung irreführend. Denn der Wolf bemüht sich, das Lämmlein ins Unrecht zu setzen, um seiner Gewalttat den Anschein des Rechts zu geben, aber sein Opfer behält – in einer für den Hörer oder Leser sehr überzeugenden Weise – Recht, obwohl es gefressen wird. Den im Manuskript ersten Satz des ausführlichen Epimythions (»gewalt gehet fur recht«) findet man bereits in Luthers Auslegung des Propheten Habakuk von 1526: »Darumb wil dieser spruch Habacuc ›Gewalt gehet uber recht‹ wol bleyben ynn der welt, Und ist auch ein gemein sprich wort, damit yederman klagt und schreyet uber gewalt.« (WA 19,361) Die folgende Klage aus Psalm 34,20, daß der Gerechte viel leiden muß, verknüpft Luther mit dem Sprichwort »eine Sache vom Zaun brechen« (im Sinne von: einen Streit mutwillig herbeiführen) und ergänzt die in seiner Sprichwörtersammlung (Nr. 31) vorausgehende Sentenz vom Hund, der das Leder gefressen haben soll.

Bei dieser aus Bibel und Sprichwortweisheit summierenden Arbeit entfernt sich Luther vom Sinn der Fabel und von seiner Vorlage. Vergleicht man die Erstfassung des Manuskripts mit der Reinschrift, so stellt man fest, daß Luther die Reihenfolge der Sprüche ändert und die pauschalisierende Feststellung »Der wellt lauff ist« voranstellt.

Das Fabelmotiv vom *Wolf und Lamm* hat Luther oft verwandt, beispielsweise in einer Predigt von 1535 gegen die Ketzer, die ihre Ketzerei Neuheit nennen (WA 41,240), oder gegen Zwingli (WA 23,78): »Es geht uns, wie dem schaff das mit dem wolfe zur trencke yns wasser kam, Der wolff trat oben, das schaff trat unden yns wasser, Da schalt der wolff das schaff, es machte yhm das wasser trube, Das schaff sprach, wie solt ich dirs trübe machen, stehestu du doch uber mir, und du machst mirs trübe? Kurtz, das schaff must herhalten, Es muste dem wolffe das wasser trube gemacht haben.«

Im Abendmahlsstreit mit Zwingli verkehrt er das Motiv zugleich (im Sinne seiner Tischrede über das Ichneumon), um die Wirkung des Abendmahls drastisch zu veranschaulichen: »Es wird der leib geistlich aufferstehen Denn ynn diesem essen gehets also zu, das ich ein grob exempel gebe, als wenn der wolff ein schaff fresse, und das schaff were so ein starcke speise das es den wolff verwandelt und macht ein schaff draus, Also wir, so wir Christus fleisch essen leiblich und geistlich ist die speise so starck, das sie uns ynn sich wandelt...« (WA 23,204).

Wie Luther Fabelzitate und Sprichwörter verknüpft und zur Beweisführung nutzt, zeigt u. a. seine Vorrede zur Schrift des Urbanus Rhegius »Widerlegung der Münsterischen neuen Valentianer und Donatisten« von 1535 (WA 38,340): »Aber es gehet, wie man sagt: Wenn man dem hunde zu wil, so hat er das ledder gefressen, oder, wie die Fabel Esopi viel feiner sagt: Wenn der Wolff das schaff fressen wil, so hats jm das wasser betrübt, ob gleich der Wolff oben und das schaff unden am bach trincket. Sie haben die Kirche mit jrthum und blut, mit lügen und mord erfüllet, noch haben sie kein wasser betrübt. Wir steuren und wehren beide den jrthumen und auffrhuren, noch betrüben wir das wasser. Fris, lieber Wolff, fris, das dir bald ein bein quehr jm halse bleibe. Wolan, es ist die welt und jr Gott, sie können nicht anders thun. Haben sie den hausvater Beelzebub geheissen, wie viel mehr sein gesinde.«

Luther veranschaulicht: Wenn die Wiedertäufer Streit mit uns »Lutherischen« suchen, werden sie einen Vorwand finden (wie die Fabel von Wolf und Lamm und das von Luther ergänzte Sprichwort zeigen); aber (wie die Fabel von Wolf und Kranich zeigt) es wird ihnen schaden.

III. Abweichend von Steinhöwel hat Luther mit Recht die Überschrift auf die beiden Akteure *Frosch und Maus* begrenzt; denn der Raubvogel hat in der Fabel eine andere Funktion. Seine Tat zeigt nur das Ergebnis, verdeutlicht die Konsequenzen der boshaften Untreue.

Luthers Bearbeitung zielt auf Dramatik und vor allem auf Kürze. Trotzdem ergänzt er den Text an einer Stelle. Die bei Steinhöwel und seiner Vorlage fehlende *Begründung* für die Boshaftigkeit des Froschs, die Luther im Lemma als Untreue bezeichnet, beschäftigt ihn. Er fügt sie bereits im Manuskript ein (»hemisch und der maus feind«) und ändert sie in der Reinschrift treffend um (»ein schalck«). Das Promythion, das man bei Steinhöwel und seiner Vorlage findet, läßt Luther weg, auch Steinhöwels märchenhaften Anfang (»Zu zyten«). Er beginnt unmittelbar mit der Handlung und bringt das dramatische Element der Fabel stärker zum Ausdruck als Steinhöwel. Die drei Aussagen zur *Situation* formuliert er in der Reinschrift im ersten Satz; er faßt die zwei Sätze des Manuskripts zusammen. Die Dramatik der *Handlung* verstärkt er im folgenden Satz durch die bei Steinhöwel fehlende wörtliche Rede. Zugleich verschärft er die Boshaftigkeit im Sinne seines Lemmas durch das ebenfalls bei Steinhöwel fehlende Versprechen des Froschs, er werde die Maus hinüber ziehen. Der nächste Satz schildert den Mordversuch. Die Gegenwehr der Maus ist schwach und zum Scheitern verurteilt. Deshalb verbindet Luther sie in einem Satz mit dem *Ergebnis*, mit der Schilderung der Folgen der boshaften Tat.

Steinhöwel übersetzt »auxilium« mit »raut und hilf«. Luther schreibt stattdessen nur »trewen rat«, kehrt aber in der Reinschrift zu Steinhöwels Formulierung zurück.

Die beiden Sentenzen des Manuskripts »trew ist mislich« (i.S.v. Vertrauen kann gefährlich sein) und »Traw wol reyt das pferd weg« (vgl. WA 37,125: »Traw ritts pferd weg« i.S. des Sprichworts »Trau nicht, so bleibt das Roß im Stall«), ersetzt Luther in der Reinschrift durch das den Sinn der Fabel besser treffende Sprichwort »Denn welcher freund den andern vermag der steckt yhn ynn sack«.

In seiner Predigt am 2. Advent 1531 spricht Luther von dem »Teuflich laster« (im Gegensatz zur »Christiana virtus«): »wo einer sihet, das einer etwas vermag, steckt er alium ynn sack« (WA 34.2,483). Zwei Jahre vorher sagt er in einer seiner Predigten über das 5. Buch Mose: »Der schendliche Mammon ist der gröste Gott auff Erden« und fährt nach einigen Bemerkungen über Reichtum und Armut pointiert fort: »Hieraus komen denn allerley Büberey, das man untereinander schindet und frisset, scharret und kratzet und das einer den andern vervorteilt und betreugt, wo er nur kan, nach dem gemeinen Sprichwort: welcher den andern vermag, der steckt jn in Sack.« (WA 28,640)

Im Vergleich mit der Fabel von Wolf und Lamm erfährt Luthers Feststellung von der Boshaftigkeit dieser Welt eine wesentliche Einschränkung. Mit »schalck« meint Luther nicht »ein durch und durch boshaftes Wesen« (Düwel/Ohlemacher 1983, S. 135). Das würde die Fabel ad absurdum führen, da sich der Hörer oder Leser nicht mehr in dieser Figur erkennen, warnen lassen und sein Verhalten ändern kann, wie es Luthers Lehre fordert. Seine Verhaltensweise in diesem konkreten Fall ist boshaft und untreu gegenüber dem Versprechen, das er der Maus gegeben hat. Täter und Opfer – Luther warnt beide. Steinhöwels Bezug auf die Vita Esopi läßt er weg und verweist stattdessen im Epimythion auf das Fabelgeschehen, das Schicksal des Froschs zurück. »Du bist untrew reuber et manifestus in vico Ideo untrew schlegt (›den eigenen Herrn‹)« heißt es in einer Predigt Luthers aus dem Jahr 1538.

IV. Bei seiner Übersetzung der Fabel von *Hund und Schaf* läßt Steinhöwel für »calumniosus« (verleumderisch) dreimal eine Lücke, die auch Luther nicht durch eine Verdeutschung des Wortes schließt. Man hat u.a. aus dieser Tatsache gefolgert, daß der lateinische Text Luther nicht vorlag, zumal sich die von Steinhöwel abweichenden Ausdrücke Luthers »nirgends auf den lateinischen Text zurückführen lassen« (WA 50,437; vgl. dagegen Schirokauer 1947, S. 77).

Aber die Verleumdung wird in Luthers Fabel so eindeutig dargestellt, daß das Adjektiv überflüssig ist, zumal Luther in der Reinschrift im Sinne der Typisierung der Fabel den bestimmten Artikel wählt (und diesen Hund einen »wolff« nennt, was Rörer in der Druckfassung entsprechend dem Manuskript geändert hat).

Steinhöwels Epimythion verbleibt im juridischen Bereich: durch falsche Zeugen (vor Gericht) müssen Unschuldige leiden. Luther hat zwar das von Steinhöwel nicht ausdrücklich erwähnte »fur gericht« in den narrativen Teil seiner Fabel aufgenommen und den juridischen Aspekt in der Reinschrift hervorgehoben durch die Wendung, daß das Schaf »seine Sache« i. S. v. Rechtsstreit verlor. Im Epimythion aber geht es nicht mehr um einen Rechtsstreit. Weit über seine Vorlage und den eigenen narrativen Teil der Fabel hinausgehend bezieht Luther die Lehre allgemein auf den menschlichen und gesellschaftlichen Bereich. Im Manuskript hat Luther zunächst wieder gesammelt und dann in der Reinschrift gekürzt und konzentriert. Die theologisch klingenden Wendungen »Gott behut« und »ewige« Geduld hat Luther nicht in die Reinschrift übernommen. Hier zeigt er vielmehr die rein weltliche Alternative, sich entweder vor den Mitmenschen zu hüten oder, sofern man mit ihnen zusammenleben will, Geduld mit ihnen zu haben. Beide Lehren wird der Leser im Bildteil der Fabel vergeblich suchen.

V. Das Promythion und den Einleitungssatz läßt Luther auch bei der Fabel vom *Hund im Wasser* weg, beginnt unmittelbar mit der Handlung und gestaltet sie gemäß dem vierteiligen Aufbauprinzip der Fabel. Der erste der vier Sätze des narrativen Teils zeigt, wie Luther den Rhythmus der Sprache dem

Bild vom fließenden Wasser anpaßt und im Detail korrigiert, indem er in der Reinschrift bei »ein« noch »en« überschreibend ergänzt. Den folgenden langen und schwerfälligen Satz Steinhöwels löst Luther dramatisch geschickt in drei Sätze auf: Der Hund sieht den Schatten und schnappt danach (actio). Als er das Maul aufmacht, fällt das Fleisch ins Wasser (reactio). So verliert der Hund Fleisch und Spiegelbild (Ergebnis).

Mit dem Lemma ist »Geiz« im frühneuhochdeutschen Sinn von »Gier« gemeint. Diese Bedeutung kommt auch in den drei Merksätzen zum Ausdruck, die Luther im Manuskript als Lehre anfügt. Die erste Sentenz (»Man sol sich begnugen lassen an dem das Gott gibt«), die Luther aus dem Manuskript wörtlich in die Reinschrift übernimmt, muß nicht als theologische Aussage verstanden werden, sondern gehört zur Sprichwortweisheit (vgl. Düwel/Ohlemacher 1983, S. 138). Luther bezieht sie auch auf die Fabel von dem Bauern und der Gans, die er nach der Überlieferung des Mathesius bei Tisch erzählt (vgl. S. 000 dieser Ausgabe). Die beiden im Manuskript folgenden Sprichwörter findet man bereits bei Steinhöwel. Den Spruch »Wer zu viel haben will, dem wird zu wenig« ändert Luther entgegen der zunächst von Steinhöwel übernommenen Formulierung in der Reinschrift so um, daß er den Sinn der Fabel (dem letzten Satz des Bildteils) besser trifft. In dieser Form hat er ihn auch in den lateinischen Text seiner Vorlesung über das erste Buch Mose von 1535 gefügt (vgl. WA 43,684). In der Reinschrift ergänzt Luther ein weiteres Sprichwort (»Wem das wenige verschmahet, dem wird das grosser nicht«), das den Sinn der Fabel nicht trifft, aber das Luther sehr liebte, gleich zweimal in seine Sprichwörtersammlung aufnahm (Nr. 33 und 243) und in seinem Zimmer an die Wand hinter dem Ofen schrieb (vgl. WA 7,566).

Martin Luther hat die Fabel vom *Hund mit dem Stück Fleisch* wiederholt erwähnt, beispielsweise in der Predigt über den 112. Psalm von 1526 (WA 19,304) und bereits 1520 in der Schrift »Von der Freiheit eines Christenmenschen« (WA 7,28). Sein Bemühen um Veranschaulichung verleitet ihn im Freiheitstraktat, den Glauben mit einem Stück Fleisch zu vergleichen.

VI./VII. Die berühmte Fabel von der *Teilung der Beute* findet man bereits bei Steinhöwel in zwei Fassungen, obwohl das die Überschrift nicht erkennen läßt. Die erste Fabel vom Löwen, der mit den drei Grasfressern Rind, Geiß und Schaf auf die Jagd geht, dient der Warnung an die Schwächeren vor der Gemeinschaft mit dem Mächtigen. Diese Lehre wird als Promythion formuliert und nochmals in dem Epimythion, das die Überleitung zur zweiten Fabel bildet. Während der Löwe zunächst selbst teilte, fordert er nun die Jagdgenossen zur Teilung auf. Der Esel teilt mathematisch gerecht, was ihn das Leben kostet, während der Fuchs die Spielregeln der Macht, sofern er sie nicht schon vorher kannte, spätestens an diesem Beispiel der Tyrannei erkennt und beherzigt und auf diese Weise sein Leben rettet.

Von Luther wird die Doppelfabel Steinhöwels zwar konsequenterweise in zwei Texte aufgeteilt, aber trotz der nun auch äußerlich erkennbaren Trennung in Fabel VI und VII vermischt sich das fabula docet.

Das Promythion und Steinhöwels Einleitungssatz läßt Luther weg und beginnt unmittelbar mit der Handlung. Im ersten Satz schildert er die *Situation*, im letzten Satz das *Ergebnis*. Dazwischen steht der *Monolog des Löwen*. Seinen Anspruch auf alle vier Teile vertritt der Löwe mit drei Argumenten und einer Drohung. Das gewichtigste Argument steht am Anfang. Steinhöwel ergänzt hier seine Vorlage durch »und ain künig aller tiere«. Luther hat die entsprechende Wendung »das erste teil geburt mir [von rechts wegen] als einem lewen der aller thier konig ist« in seinem Manuskript gestrichen (vgl. WA 50,443, Anm. 1) und durch »Ein teil ist mein aus der gesellschafft« ersetzt.

»Für Äsop wie für Steinhöwel besteht ein Königsrecht. Denn natürlich gründet sich die Forderung des Löwen auf den Löwenanteil zunächst auf ein verbürgtes Recht. Was Luther an dessen Stelle setzt, ist aber etwas völlig anderes. Als Teilnehmer an der Jagdpartie kommt ihm ein Viertel der Beute zu. Nichts mehr vom Königsrecht! Wir befinden uns in einer Bürgerwelt. Man darf vielleicht in dieser Änderung einen schwachen Nachhall der Bauernkriege, einen Reflex der sozialen Umwälzung sehen, deren geistigster Ausdruck unter dem Namen Reformation läuft.« Arno Schirokauer (1947, S. 82f.) übersieht, daß auch in Luthers Fassung der Fabel das Königsrecht des Löwen (das in Steinhöwels Vorlage fehlte!) bestehen bleibt, allerdings erst an zweiter Stelle.

An die erste Stelle setzt Luther ein Argument, das man erstaunlicherweise bei Steinhöwel und seiner Vorlage nicht findet. Als einer der vier Teilnehmer der Jagd hat der Löwe einen Anspruch auf ein Viertel der Beute. Um seiner Vorlage gerecht zu werden und trotzdem die Vierzahl beizubehalten, zieht Luther dann das zweite und dritte Argument aus Steinhöwels Fassung zu einem zusammen. Die zweite Version der Fabel vom Löwenanteil ist in Luthers Bearbeitung besonders eindringlich durch die knappe wörtliche Rede und das anschauliche Bild. Im Vergleich dazu wirkt Steinhöwels Übersetzung trocken und hausbacken (z.B. »grißgramet mit den zenen«). Der Zorn des Löwen über die mathematisch gerechte Teilung wird durch Luthers Formulierung »und reis dem esel die haut uber den kopff« dramatisch veranschaulicht und bildhaft verstärkt durch das Adjektiv »blutrustig« i.S.v. blutüberströmt. Steinhöwel zeigt uns die Macht des Löwen, Luther darüber hinaus auch die Brutalität des Mächtigen. Im ironischen Understatement wiederholt er das Bild durch die Antwort des Fuchses und läßt die dem Esel über den Kopf gezogene Haut wie eine blutige Kopfbedeckung (Barett) erscheinen.

Hier bricht Luthers Reinschrift unvermittelt ab; das fabula docet fehlt. Es ist bereits im Manuskript unvollständig, was der Herausgeber Rörer erkannt und korrigiert hat, indem er die von Luther gestrichene Textpassage, daß man aus dem Schaden anderer klug werden soll, wieder einfügt. Von den »zwey stuck« Lehre ließ Luther nur den ersten Teil stehen, daß »Herrn« auf ihren eigenen Vorteil bedacht sind und daß »man« deshalb nicht mit ihnen Kirschen essen soll. Dieses Sprichwort findet man auch in den Vorlesungen und Predigten (vgl. WA 37,466; 44,144) und, variiert, in der Sammlung (Nr. 73) Luthers. In der ersten Version der Tyrannenfabel wird es durch zwei weitere Warnungen verstärkt. (Die folgende Sentenz des Horaz paßt nicht zum narrativen Teil der Fabel.) Bedeutsam ist der Schluß dieses Epimythions. Er zeigt, daß Luther trotz der pädagogischen Intention seiner Äsop-Bearbeitung politische Akzente setzt. Über die allgemein und behutsam formulierte Warnung Steinhöwels, daß sich »alle menschen vor der mächtigen gesellschaft hüten söllen«, weit hinausgehend, verweist der ehemalige Jura-Student auf das Römische Recht und auf die im Widerspruch dazu stehende societas leonina. Den hier juristisch trocken formulierten Mißbrauch der Macht hat Luther im narrativen Teil der Tyrannenfabel anschaulich dargestellt. – Zum Begriff der *societas* gehört nach Römischem Recht die Förderung eines *gemeinschaftlichen* Zweckes durch Zusammenwirken aller Beteiligten. Der Rechtsgelehrte C. Cassius Longinus (1. Jh. n. Chr., »libri iuris civilis«) nannte (nach Ulpian »Digest.« XVII,2,29, worauf Luthers Abkürzung verweist) einen Vertrag, wonach der eine Teilnehmer allen Nutzen zieht und der andere allen Nachteil trägt, eine *societas leonina*, eine Vereinbarung nach dem Muster des Löwen.

Luthers Vorlage

Die Übersetzung der griechisch-römischen Fabeln des Ulmer Arztes Heinrich *Steinhöwel*, die Vorlage für Luthers ESO-

PUS, erschien 1476. Das zweisprachige und mit Holzschnitten illustrierte Werk wurde bei Johannes Zainer in Ulm verlegt. Es erregte über Deutschlands Grenzen hinaus Aufsehen und wurde immer wieder nachgedruckt und übersetzt. Der erste der vielen Nachdrucke erschien bereits ein Jahr später bei Günther Zainer in Augsburg. Wenige Jahre später folgten die ersten der zahlreichen Übersetzungen – ins Französische (1484), Englische (1484), Holländische (1485), Spanische (1487) usw.

»Mit dieser Ausgabe beginnt der hundertjährige Siegeslauf der humanistisch schwankfreudigen und vernunftgläubigen Fabel durch die europäischen Sprachlandschaften; ihr Triumph überlebt sogar noch den Humanismus, wird durch die geistigen Verheerungen im Zeitalter der Glaubensspaltung kaum beeinträchtigt, fällt der vordringenden Gegenreformation keineswegs zum Opfer: im Jahr 1593 übersetzen Jesuiten Äsop ins Japanische, ziehen ihn also für ihre Missionsaufgaben neben der Bibel hinzu.« (Schirokauer 1953, S. 189)

Steinhöwels Zusammenstellung und Übersetzung wurde zur Grundlage der folgenden Fabelsammlungen. Den größten Teil der zweisprachigen Ausgabe (Österley 1873) bilden 4 Bücher mit je 20 Fabeln aus dem Romulus; es folgen 61 Fabeln aus verschiedenen anderen Sammlungen und schließlich ein Anhang mit 15 Schwänken von Petrus Alphonsus und 7 Fazetien des Poggio. Diese »schimpfreden« zeigen verschiedene Möglichkeiten der verheirateten Frau, mit ihrem Geliebten der Göttin Venus zu dienen. Steinhöwel ist zwar noch frei von den pädagogisierenden Überlegungen der Fabelbearbeiter, die in Deutschland bereits mit der Reformationszeit beginnen, trotzdem hat er als Kompilator bereits Skrupel und fügt dem derben Schwank »De iuvencula impotentiam mariti accusante«, den er volkstümlich übersetzt mit »Ain frow verklaget ieren man, er hette kainen« eine »Entschuldigung schrybens lychfertiger schimpfred« (S. 342) an, in der er auf die vielen anderen Texte des Poggio verweist, die er mit Rücksicht auf die weiblichen Leser weggelassen habe.

Als anstößig kritisiert wurden aber nicht nur die Fazetien des Poggio, auf die Steinhöwel angesichts der Gesamtkonzeption seines Werkes hätte verzichten können, sondern auch die in die Vita Esopi eingefügten Fabeln. Daß Steinhöwel die legendäre Lebensgeschichte des phrygischen Sklaven an den Anfang seines Werkes stellt, wird wegweisend für künftige Fabelbearbeitungen.

Steinhöwel übersetzt nach seinem eigenen Urteil schlicht, verständlich und frei – »nit wort uß wort, sunder sin uß sin« (S. 4). Die gewünschte Rezeption drückt er metaphorisch aus. Der Leser seines Buches soll wie die Biene weniger auf die Farbe der Blumen achten als auf die Süßigkeit des Honigs, den man aus ihr saugen kann, d.h. auf »die guoten lere, dar inn begriffen, zuo guoten und tugend ze lernen« (S. 4). Denn wer in diesem Buch nur »märlin« lesen wolle, gleiche dem Hahn der ersten Fabel. Der Humanist Steinhöwel definiert die Fabel als eine erfundene Geschichte, damit der Mensch durch das Wort der unvernünftigen Tiere Sitten und Tugend lerne und die menschliche Würde erkenne.

»also sint die fabeln Esopi uf die sitten der menschen geordnet. Und wir finden des glychen in dem buoch der richter, do di boum ains künigs begerten, und redten mit dem ölboum, figenboum, winreben und brunberstuden, das beschicht ye alles, die sitten der menschen ze betütten, daz man durch erdichte ding zuo der warhait, der man begerend ist, komen müge.« (S. 6)

Luthers Übersetzung alttestamentlicher Texte

Die Fabel Jothams (Richter 9,6-15)(WA Die deutsche Bibel 9/1,118) erzählt der Sohn des berühmten Gideon, der die Israeliten aus der Gewalt der Midianiter befreite. Jotham richtet sie gegen Abimelech, der nach der Ermordung seiner siebzig Brüder (nur Jotham konnte sich retten) König geworden war. Die Fabel Jothams gewinnt bei Mathesius – ebenso wie bei zahlreichen Theoretikern nach ihm (vgl. Dithmar 1982) – exemplarische Bedeutung und wird zum Thema seiner siebten Predigt. Nach der Verlesung des alttestamentlichen Textes beginnt Mathesius – abweichend von den Prinzipien der Homiletik – seine Fabelpredigt:

»Diß ist Jothams fabel / des weysen Mannes unnd grossen Regenten / und leiblichen Heylandes inn Israel / Gideons Son / die ich euch herzele / damit jr sehet / das der heylig Geyst jm auch die weyse gefallen lesset / wenn kluge leut mit verdeckten unnd verblümbten rede / undanckbaren unnd ungeschlachten leuten predigen / unnd das die weysesten auf erden / beyde unter Jüden und Heiden / auch inn der Christenheyt / sich sehr gerne auff dise art beflissen / unnd die höchste weißheyt / nach Gottes wort / in solch bildwerck unnd gemelde der unvernünfftigen Creaturen und Thierlein gefasset / unnd den leuten fürgehalten haben.« (S. 138)

Der Text dient Mathesius als Beweis dafür, daß die Fabeln (»mehrlein«) des Alten Testaments und die Fabeln überhaupt von großer Bedeutsamkeit sind. Und die für seine Gemeinde offensichtlich schwer verständliche Tatsache, daß sich der Reformator so intensiv mit den äsopischen Fabeln beschäftigte und der Schüler und erste Biograf Luthers dem eine ganze Predigt widmet, begründet Mathesius mit der von Luther selbst gesetzten Priorität, »das nach der heyligen schrifft / die feinste weltweyßheyt in vernünfftigen fabeln zu finden ist / wer allein den selben mit fleyß nachdencke« (S. 139)

Die Fabel des Joas (2. Könige 14,9)(WA Die deutsche Bibel 9/1,118). Neben der berühmten Fabel von der Königswahl der Pflanzen enthält das Alte Testament noch diese zweite Pflanzenfabel, die auch im zweiten Buch der Chronik (25,18) überliefert ist und sich auf die Auseinandersetzung zwischen den

Königen der beiden Teilreiche bezieht. Joas richtet sie an Amasja, 796-781 König in Juda, als eine Warnung. Die Mißachtung führt wie bei der Fabel Jothams zu Niederlage und Tod.

Die Fabel vom geraubten Schäfchen (2. Samuel 12,1-15) (WA Die deutsche Bibel, 1,111 f.) Unter diesem Titel wurde die Fabel, die der Prophet Nathan dem König David erzählt, rezipiert; die Illustration von Lukas Cranach veranschaulicht den Zusammenhang. David begehrt Bathseba und veranlaßt den Tod ihres Mannes Uria. Die nicht nur um des Schutzes willen in eine Fabel gekleidete Strafpredigt des Propheten bewirkt, daß sich David, der als König zugleich oberster Richter ist, sein eigenes Urteil spricht.

Das Weinberglied (Jesaja 5,1-7)(WA Die deutsche Bibel 11/1,37). In den ersten fünf Kapiteln des Jesajabuches steht die Verkündigung des Untergangs von Juda und Jerusalem, weil das Volk von seinem Gott abgefallen ist. Von besonderer dichterischer Kraft ist das Weinberglied, das am Ende dieser Anklage (etwa 735 v. Chr.) das prophetische Gerichtswort in ein Gleichnis faßt und das Volk als die Angeklagten zum Richter über das eigene Tun aufruft. Der letzte Vers enthält ein hebräisches Wortspiel: »Er wartete auf Rechtsspruch, und siehe da war Rechtsbruch, auf Gerechtigkeit, und siehe da war Klageschrei.« Jesaja trug das Gedicht zu Beginn seines Wirkens, wahrscheinlich anläßlich des Weinlesefestes vor.

Luthers Fabeln

Bereits 1528 erschien die Fabel von *Löwe und Esel* (WA 26,547-550; Illustration S. 551), eine nach dem Urteil Ernst Thieles freie Erfindung Luthers, die zur Quelle für die gereimte Fabel »Von dem Löwen und Esel« des Erasmus Alberus wurde. Sie hat ihre Tradition allerdings weniger in der äsopischen Fabel als in der deutschen Tierdichtung, die Luther sehr schätzte. Bisweilen brachte er, wie u. a. der Tischgenosse Mathesius berichtet, eine Ausgabe des REINEKE FUCHS mit zu Tisch und las daraus vor.

Luther wendet sich mit beißender Ironie gegen die Vermischung der Regimenter und gegen den Papst, hier und öfter in der Gestalt des Esels, als Herrscher beider Reiche, und gegen die Torheit der Deutschen, die sich durch fuchsische List unter das geistliche Regiment beugen, statt ihrem rechtmäßigen weltlichen Herrn und König zu folgen.

Der Überredungskunst des Fuchses gelingt es, daß die Tiere nach dem Tod des alten nicht den jungen Löwen zum König wählen, sondern den Esel. Daß allein er von Gott erwählt sei, könne man an dem Kreuz auf seinem Rücken erkennen, läßt Luther den Fuchs sagen und spielt damit an auf den Volkswitz, der das Kreuz auf der Rückseite des priesterlichen Meßgewandes mit dem Kreuz auf dem Eselsrücken verglich.

Pointiert und Widerspruch provozierend, endet Luthers Fabel mit der Feststellung: So blieb der Esel König und regierte sein Geschlecht bis zum heutigen Tag mit Gewalt in der Welt – unter den Tieren.

In der Nachdichtung von Alberus (Braune 1892, S. 90ff.), die mit 512 Verszeilen für eine Fabel ungewöhnlich lang ist und in den 30 Zeilen des »Morale« den Sinn des narrativen Teils mehr verstellt als erhellt, fehlt diese Pointierung. Das Kreuz auf des Esels Rücken wird mehrfach erwähnt. Es wird zum Bild für den »falschen schein / Die Welt will ja verfüret sein« (Z. 595f.). Alberus bezieht das Regiment des Esels auf den Papst (Randbemerkung zu Z. 174: »Papa«) und auf den Streit zwischen geistlichem und weltlichem Regiment:

»Beyd Weltlich und das Geistlich schwerdt
Wird führn der Esel ehren werdt.« (Z. 175f.)

In dem 1534 erschienenen Fabelbuch des Erasmus Alberus findet man auch die bekannte Fabel vom Esel in der Löwenhaut, und zwar unter dem Titel »Vom Bapstesel« (Braune 1892, S. 141ff.). Dem Esel, der sich als Löwe ausgibt und auch den Kaiser unterdrücken will, wird am Ende die Löwenhaut ausgezogen und öffentlich verbrannt:

»Da kam ein fein geschickter Man,
Der sah den falschen Löwen an
(...)
An kopff er jhm ein schlappen gab,
Des Löwen haut zog er jhm ab,
Und offenbart jhn aller Welt,
Das man jetzt nichts vom Esel helt
(...)
Martinus Luther ist der Man
Der solchen dienst uns hat gethan«
(Z. 87f., 97-100, 115f.)

Das Tierbild vom *Esel* hat Luther besonders oft und gern verwandt. Bei den Angriffen in der Ablaßfrage fühlt er sich, als ob ihn »eynn grober Esell anschreyet«, und über die Unbelehrbarkeit seiner Gegner urteilt er, ebenfalls 1518: »es ist müglicher, das man ainen esel lesen leer«. Luther habe jeden, der ihm in den Weg getreten sei, einen »Esel« genannt, behauptet W. v. Both in seiner Dissertation (1927, S. 3) und nennt zahlreiche Beispiele.

Zu dem in dieser Edition nachgedruckten Holzschnitt »*Bapstesel*«, der zusammen mit dem »Mönchskalb« in der Werkstatt von Lukas Cranach entstand, schrieben Luther und Melanchthon 1523 eine »Deutung« (WA 11, 357-385), die wie auch die anderen Kommentare Luthers zu antipäpstlichen Holzschnitten (vgl. WA 54, 346-373) von einer äußerst scharfen Polemik geprägt ist.

Der Eselskopf stellt das Papsttum dar, der Elefantenfuß an Stelle der rechten Hand das geistliche Regiment, das die schwachen Gewissen zertritt, die linke menschliche Hand das weltliche Regiment des Papstes. Der rechte Fuß, ein Ochsenfuß, bedeutet die Diener des geistlichen Regiments, die die Seelen unterdrücken, und der linke Fuß, eine Greifenklaue, die Diener des weltlichen Regiments und ihre Habsucht. Weibliche Brust und Bauch sollen das unzüchtige Leben der päpstlichen Diener zeigen und die sie umgebenden Fischschuppen den Schutz der weltlichen Macht. Der aus dem Hintern herausragende Drache weist auf die zahlreichen Bannbullen und der Kopf auf das nahe herbeigekommene Ende des Papsttums. – Die Karikatur erschien als Flugblatt und fand weite Verbreitung.

In Luthers Briefen findet man zahlreiche Fabeln oder fabelartige Passagen, die allein zwar noch kein Beleg für »Luther als Fabeldichter« (Thiele) sind, wohl aber für die Fabulierfreude und bildhafte Schreibweise des Reformators. Die ersten beiden der hier abgedruckten Briefe schrieb Martin Luther 1530 von der Coburg aus, den an seinen Sohn Hans am 19. Juni und den an die Wittenberger Tischgesellen (vermutlich) am 26. April. Den Brief an Wolfgang Sieberger hat Luther vermutlich im Herbst 1534 geschrieben.

Mit der Geschichte *Vom Paradiesgarten* (WA Br 5,377 f.) ermahnt Martin Luther seinen vierjährigen Sohn Hans zum Lernen und Beten und schließt indirekt seine Freunde Lippus und Johst, d.h. Philipp und Justus, die fünfjährigen Söhne von Melanchthon und Justus Jonas ein. Die »Mume Lene« ist Hänschens Tante Magdalena von Bora.

In dem ebenfalls 1530 von der Coburg aus geschriebenen Brief an die Wittenberger Tischgesellen *Vom Reichstag der Dohlen und Krähen* (WA Br 5,293-295) parodiert Luther den Augsburger Reichstag, an dem er zwar nicht teilnehmen kann, den er aber von seinem Fenster aus erlebt als einen der Dohlen und Krähen. Luther glossiert hier nicht nur einen Reichstag, bei dem sich die »großen Hansen« ebenso wie der

Adel »schwänzen« (d.i. im Tierbereich das Imponiergehabe mit dem Schwanz); er hofft auch darauf, »daß sie allzumal an einen Zaunstecken gespießet wären«.

Den hinter dieser Parodie stehenden Ernst und Luthers Sorge zeigt vor allem die Textstelle »damit sie auch den Büchsen empfliehen und eim Zorn entsitzen (= trotzen, standhalten) können. Es sind große, mächtige Herren: was sie aber beschließen, weiß ich noch nicht.«

Seinem Diener Wolfgang Sieberger antwortet Luther 1534 mit einem lustigen Spottbrief *Die Klageschrift der Vögel* (WA 38,292f.). Der humorig formulierten Kritik am Fangen und Töten von Vögeln, die Luther von den Vögeln selbst vorbringen läßt, folgt unvermittelt das Bibelzitat Matthäus 6,26, mit dem Luther den Brief beendet und zugleich parabolisch überhöht. – Die Vögel erscheinen in Luthers Tiervergleichen (vgl. S. 145 ff. dieser Ausgabe) als Bild des Gottvertrauens. Parabolik und Realität verbinden sich hier wie überhaupt bei Luther.

»Kein Mensch ist auf Erden, der da vermöchte zu bezahlen die Unkosten, so unserm Herrgott täglich aufgehen, daß er nur die unnützen Vögel ernährt und speist. Und ich glaube es gänzlich, daß der König von Frankreich mit all seinem Reichtum, Zinsen und Renten nicht vermöchte zu bezahlen, was allein auf die Sperlinge geht; was soll ich denn von den andern Vögeln, als Raben, Dohlen, Krähen, Zeisige, Stieglitze, Finken und dergleichen Vögel Speise sagen? So denn nun Gott die Vögel so reichlich und überflüssig ernährt, wer wollte dann von den Menschen verzweifeln, daß Gott ihm nicht Nahrung, Futter, Decke und alle Notdurft geben sollte?« (WA 38,290)

Der Abgott Sauf (WA 51,257). – Luther wurde, wie Kroker berichtet (WA 51,257 Anm. 1), von dem Küchen- und Kellermeister gebeten, die ständigen Gelage zu untersagen, da es tags und nachts keine Ruhe gäbe. Er soll geantwortet haben, sie möchten Geduld haben, nach dem Fressen werde ein Fasten kommen. Über die drei sächsischen Kurfürsten (vgl. das Gemälde von Lukas Cranach) hat Luther einmal gesagt, mit Friedrich sei die Weisheit und mit Johann die Frömmigkeit gestorben. Johann Friedrich (seit 1532 Kurfürst), den Luther von Jugend auf kannte, hat er wiederholt wegen der Gelage, insbesondere der Trunksucht am kursächsischen Hof öffentlich kritisiert.

Mit *Brühschenk* (WA 51,220f.) ist einer gemeint, der verdünnten Wein ausschenkt, im übertragenen Sinn ein schwacher und nachgiebiger Herr und treuloses Gesinde. Statt »Mathiaske« heißt es in einer anderen Handschrift »mathiasch oder tyrannisch«.

Der Knecht mit den drei Amseln (WA 51,223) wurde nach dieser Fassung Luthers in die Kinder- und Hausmärchen der Gebrüder Grimm übernommen. Die Fabel ist keine Erfindung Luthers, sondern beruht auf mündlicher Überlieferung.

Das Kätzchen Adulatio (WA 51,248). – Herkules mußte zur Strafe für die Ermordung des Iphitos der Omphale, Königin von Lydien, drei Jahre als Sklave dienen. Lucian (»Wie man Geschichte überreden soll«) erwähnt bereits alte Abbildungen, auf denen Herkules im Weiberrock spinnt und von Omphale mit der Sandale geschlagen wird. Diese Szene, von Lukas Cranach eindrucksvoll gestaltet, widerspricht den Vorstellungen Luthers, der die Überlieferung allegorisch deutet.

Bei der Exegese von Psalm 101,5b (»Den Hoffärtigen und Hochmütigen kann ich nicht ausstehen«) verwendet Luther nicht nur derb-drastische Bilder zur Veranschaulichung, sondern auch die äsopische Fabel *Vom Frosch, der sich wie ein Ochse aufbläst* (WA 51,251), um die Überheblichkeit des einfachen Mannes von dem Hochmut der Fürsten zu unterscheiden, den nur persönlichen Schaden des aufgeblasenen Frosches, der zerplatzt, von dem allgemeinen Schaden der Tyrannis. Das Sprichwort »Arm hoffart, da wisschet der Teufel seinen hindern an« steht leicht variiert auch in Luthers Sprichwörtersammlung (Nr. 206) und bedeutet, daß der Stolz auf eingebildete Vorzüge selbst dem Teufel verächtlich ist.

Dieses Motiv benutzt Luther bereits 1520 (WA 6,324) und braucht es ein Jahr später gegen Emser. Der Bundesgenosse von Eck hatte Luther als »den Stier zu Wittenberg« tituliert, worauf Luther seine Gegenschrift an »den Bock zu Leipzig« (1521) richtet. »Lieber Bock stoß mich nit« (WA 7,621) beginnt eine weitere Kampfschrift Luthers von 1521, in der er die Fabel vom Frosch, der sich wie ein Ochse aufbläst, auf den »Bock Emser« bezieht: »drumb geschicht yhn wie dem alten frosch, dem das jung fröschlin klagt, wie ein groß thier, ein ochß, were kummen und hette alle froschlin zu todt getretten; da wart der frosch zornig und bließ sich auff und sprach ›wie nu? byn ich nit auch ßo groß?‹ ›Neyn, liebe mutter‹, sprach das froschlin, ›wenn du gleich bersten soltist‹. Alßo blaßen sich auch meyne Böck mit yhrem atem, wind und geyst, und wen ich mit dem ochsen fuß kum, da die schrifft von sagt, so trett ich sie, das sie quecken.« (WA 7,638)

Für die Zeit vor 1530 hat man eine Entwicklung in Luthers Verhältnis zur Fabel vom zunächst überwiegend satirischen zum vorwiegend didaktischen Gebrauch beobachtet (v. Both 1927, S. 10,36,51 u.ö.). Diese Feststellung darf jedoch nicht isoliert vom jeweiligen Fabelmotiv getroffen werden. Satirisch verwendet Luther die Fabel vom Frosch, der sich wie ein Ochse aufbläst, und vor allem die Fabel vom *Esel in der Löwenhaut*. Er benutzt das Motiv in der Auslegung des Vaterunser von 1519 (WA 2,91) ebenso wie zwei Jahre später gegen Emser (WA 7,664) und verbindet es mit dem Sprichwort, daß man den Vogel am Gesang (eigentlich an den Federn) erkennt wie den Esel an den Ohren. In einem Schreiben gegen Papst und Bischöfe von 1522 heißt es: »Gleych wie sie Bischoff sind, ßo ist auch yhr lere, das man eynen Esel eyn lawen haud antzöge, ßo ist er doch eyn Esell, das weyssen seyne ohren unnd gesang.« (WA 10.2,143) Im Sendbrief vom Dolmetschen (1530) bezieht er das Fabelmotiv auf den »Doctor Rotzlöffel« Cochläus: »Zwar es durfft ein Esel nicht viel singen, man kennet yn sonst wol bey den ohren.« (WA 30.2,636)

Johannes Mathesius (1504-1565) schreibt 1562-64 eine Biografie Luthers in Predigten, die 1566 gedruckt wird. Mit mehr als 50 Auflagen ist sie bis zum Anfang unseres Jahrhunderts die erfolgreichste Lutherbiografie. Von den sechzehn ursprünglich für die eigene Bergwerksgemeinde verfaßten Predigten ist die siebte, die Mathesius sinnigerweise zu Fastnacht (1563) hält, dem Interesse Luthers an der äsopischen Fabel gewidmet. Als Tischgenosse Luthers kannte Mathesius Fabeln, die der Reformator beim Essen in die Unterhaltung einflocht.

Vom Affen, der Holz spalten wollte (Mathesius S. 141 und WA 51,213). – Mit der Fabel vom Affen, der sich beim Holzspalten die Hoden zerquetscht, wendet sich Luther in derbdrastischer Bildsprache gegen das, was der Volksmund »Nachäffen« nennt. »Ein affe, wenn er gleich Königskleider an hette, So wäre er doch ein affe« (ebd. S. 211), hatte Luther zwei Seiten vorher geschrieben. – Mathesius hat diese uns aus dem Orient überlieferte Fabel (vgl. Dithmar 1988, S.71) im Vergleich zu Luther nur gekürzt und filtriert erzählt.

Igel und Fliege (Mathesius S. 145)

Bauer und Gans (Mathesius S. 145). – Auf die sozialkritische Verwendung der Fabel im politischen Bereich hat A. Elschenbroich (1979, S. 459) hingewiesen: »Wirtschafts- und sozialpolitisch wird hier ein frühkapitalistischer Monopolisierungsversuch mit den Begleiterscheinungen der Ausbeutung fremder Arbeitskraft und der daraus entstehenden Frage nach einer Gewinnbeteiligung der Arbeitnehmer zum Anlaß der Auslegung einer Fabel durch Bezugnahme auf einen konkreten Fall.«

Die Fabel von *Krebs und Schlange* (Mathesius S. 148f. und WA TR 4,571) ist keine Erfindung Luthers, wie Ernst Thiele meint, sondern bereits von Äsop überliefert. Martin Luther schrieb sie seinem Sohn Hans auf, um sie ins Lateinische zu übersetzen. »Was wollte Luther seinem Sohn mit dieser Fabel zeigen? Ohne Zweifel, wie die Welt beschaffen ist, in der ein Christ bestehen muß, nicht, wie er sich in ihr verhalten soll. Genau das gleiche gilt für alle von Luther während seines Aufenthaltes auf der Feste Koburg bearbeiteten Fabeln.« (Elschenbroich 1979, S. 458)

Die Fabel von *Bauer und Schlange* (Mathesius S. 149f. und WA TR 3, 639), die Melanchthon nicht bei Tisch, sondern auf einer Fahrt im Wagen 1538 erzählt, trägt vermutlich autobiografische Züge (vgl. Elschenbroich 1979, S. 465ff.). Das fabula docet »Wem man vom Galgen hilft, der bringet einen gern wieder daran«, das Luther unter diese Fabel fügt, setzte er bereits leicht variiert unter die Fabel von Wolf und Kranich. Bei Steinhöwel lautete die Lehre behutsamer und weniger bildlich: Wer den Bösen Gutes tut, wird selten belohnt. Dieses Epimythion trifft den Sinn der äsopischen Fabel besser.

In seiner Auslegung von Epheser 5,15-21 geht Luther nachdrücklich auf die Ausbildung der Pfarrer ein und bezieht die Fabel von *Grille und Ameise* (WA 22,331) auf die Textstelle »schicket euch in die Zeit« (im Sinne von: nutzt die Zeit aus).

– In einer Predigt von 1536 sagt Luther – ebenfalls mit Bezug auf das Gleichnis von den klugen und törichten Jungfrauen: »Sic grill venit ad emsig: quid fecisti in aestate, quod non importasti? Ego cecini. Si hoc, tantz im winter fur den gesang im Somer. Sic nobis accidit ut stultis. Herr, vergeb sunde, hoc, illud faciam. Vade, ghe hin, kauf oel. Si prius in estate gesungen, tantz nu im winter, et weist ab mit spot.« (WA 41,706 f.)

Aus Luthers Tischreden

Im Gegensatz zu den von Martin Luther neu bearbeiteten Fabeln des Äsop, wie er sie – von Heinrich Steinhöwel überliefert und übersetzt – kennenlernte, haben die Fabeln und fabelartigen Texte, die wir in Luthers Briefen und Tischreden finden, einen konkreten historisch-politischen Bezug, einen »Sitz im Leben«, den man zum Verständnis wie auch zur richtigen Einschätzung von Luthers sprachlicher Leistung und Originalität mitlesen muß.

Daß Luther die äsopische Fabel auch in seinen berühmt gewordenen TISCHREDEN wiederholt mit besonderer Hochschätzung erwähnt und konkrete Situationen spontan durch das Erzählen einer Fabel beleuchtet, »wenn er zumal vom Regiment unnd Hofwesen pflegte zu reden« (Mathesius S. 141), wird u.a. von dem Tischgenossen Johannes Mathesius bezeugt, der mehrere dieser von Luther bei Tisch erzählten Fabeln überliefert hat – so die *von der Kröte und den Affen und von den Hornissen.* (Mathesius S. 141 f.) Mit der Fabel von Adler und Fuchs warnt Luther die »Hurneusel«, die Hornissen als Bild für große Übeltäter.

Die Fabel vom *Adler und Fuchs* (WA TR 4,597)(Mai/Juni 1540), die zu den ältesten europäischen Fabeln gehört und uns fragmentarisch bereits von Archilochos bekannt ist und die Steinhöwel in der Fassung des Phädrus und Romulus überliefert, hatte Luther bei seiner Steinhöwel-Bearbeitung bezeichnenderweise übersprungen.

Die rekonstruierte Fassung des *Archilochos* lautet (nach Harry C. Schnur S. 39 f.):

Adler und Fuchs

Eine Fabel des Archilochos, rekonstruiert aus seinen Fragmenten (89-93 D) und Aesop (H 5)

Vater Lykambes, was hast du dir ausgedacht,
und wer hat dich um den Verstand gebracht,
den du zuvor besessen? Von den Bürgern wirst
du jetzt gewaltig ausgelacht.
Den Menschen ist die Fabel wohlbekannt, wonach
einst Fuchs und Adler einen Freundschaftsbund geschlossen.

Darum beschlossen sie, zusammen zu wohnen. Der Adler baute also auf einem sehr hohen Baum sein Nest und brütete seine Jungen aus, der Fuchs aber brachte im Gebüsch am Fuß des Baumes seine Jungen zur Welt. Als aber der Fuchs eines Tages auf Nahrungssuche ausgegangen war, stieß der Adler, dem es an Futter fehlte, herab ins Gebüsch, packte die jungen Füchse und setzte seinen Jungen böse Mahlzeit vor.

Als der Fuchs zurückkam und sah, was vorgefallen war, erbitterte ihn der Tod seiner Jungen weniger als der Umstand, daß er sich nicht rächen konnte, denn da er ein am Erdboden lebendes Tier war, konnte er einen Vogel nicht verfolgen. So stand er weitab und tat das Einzige, was Schwachen und Hilflosen übrig bleibt: er verfluchte seinen Feind. ⟨Der aber verhöhnte ihn noch und sprach:⟩

Siehst du, wo dieser hohe Felsen steht,
bösartig schroff und steil? Und oben drauf
sitzt er, der deiner Fehde wenig achtet nur.

Doch war es ihm beschieden, auf Bestrafung des frevelhaften Freundschaftsbruches nicht lange warten zu müssen. Als nämlich Bauern eine Ziege opferten, stieß der Adler herab und trug vom Altar ein Stück Eingeweide fort, das noch brannte. Das brachte er in sein Nest: da erhob sich plötzlich ein Wind und fachte in dem aus leichten, dürren Zweigen gebauten Nest eine helle Lohe an. Die Adlerjungen, noch unflügge, verbrannten und fielen zu Boden: der Fuchs eilte herbei und fraß sie alle vor den Augen des Adlers auf.

Diese Erzählung beweist, daß wer die Freundschaft verrät, mag er auch der Strafe des Verletzten entrinnen, doch der Rache der Götter nicht entgehen kann.

Heinrich Steinhöwel überliefert die Fabel von *Adler und Fuchs* in der Fassung des *Phädrus* und *Romulus*. Sie lautet (nach Österley S. 95 f.):

Die mächtigen söllent die nidern nit verachten, als dise fabel bezüget. Ain adler nam ainem fuchs sine jungen fuchslin, und füret sie in syn nest ze spysen syne jungen. Der fuchs lief hinauch und bat den adler, im syne welffly wider ze geben. Aber der adler verachtet in als den mindern, an dem wenig läge. Der fuchs waz böslistig und nam ainen brand von dem altar, dar uff von geschicht ain offer bran und umbgab den nestbom mit dürrem holcz und stupfeln und zündet die an. So bald aber der rouch und flamm knalczen und uffriechen wurden zuo den jungen in daz nest, do ward der adler laider und sorgfeltig umb syne kind, das sie nicht mit den jungen füchsen verdürbent, und bat den fuchs ab ze laußen, so wölt er im syne kind ouch frisch und gesund wider antwürten. Dise fabel leret die menschen, daz die nidern nit söllen verachtet oder geleczet werden, daz sie nit gestraffet werden mit dem feüwer der rauch und götlicher gerechtikait. Als dise fabel in gelicher mainung, doch mit andern worten, in den nüwen fabeln die erst ist ußwyset, und ouch die dritt von dem adler und dem kefer.

Fabula (WA TR 2,92) (April 1532)

Fabula contra sciolos (WA TR 3,360f.) (Dezember 1536)

Vom Esel (WA TR 1,499).

Von der Fliege auf einem Fuder Heu (WA TR 2,381f.) (August/Dezember 1531). – Johann Cochläus veröffentlichte 1529 einen »Lutherus septiceps«. Der Titelholzschnitt dieser Schrift zeigt Martin Luther mit sieben Köpfen, die ohne Hals auf der Brust sitzen.

Von dem Versiculo (WA TR 6,360) zeigt, daß Luthers Fabulieren auch die Tischgenossen zum Erzählen von Fabeln anregte und daß auch Melanchthon ein »Fabul-Hans« gewesen ist.

Von Marcolfo und König Salomo (WA TR 4,659) (Juni 1540)

Waren auch Kleien da? (WA TR 3,499f.) (1534)

Sperling und Schwalbe (WA TR 4,663f.) (Juni 1540)

Vom Platzregen und den großen Hansen (WA TR 1,172f.) (Dezember 1532). – Luther war mit dem Kurprinzen Joachim II. von Brandenburg im November 1532 in Wörlitz (nicht in Wittenberg) zusammengewesen, jedoch von ihm nicht »hart angesprochen« worden, wie es im Text heißt.

Gleichnisse der Kirche (WA TR 2,271 und WA TR 6,184f.)

Gleichnis eines Christenlebens (WA TR 5,628f.)

Tiervergleiche

Christus als Ichneumon (WA TR 4,35) (August 1538) Das Ichneumon ist eine so ähnlich wie ein Marder aussehende Schleichkatze. Sie kommt gelegentlich in der orientalischen Fabel vor (vgl. Dithmar 1988, S. 67 f.)

Der Vogel als Bild des Gottvertrauens (WA TR 3,224) (Juni 1532)

Der Teufel als Fliege (WA TR 6,244)

Die Ketzer als Wölfe und Füchse (WA TR 6,244)

Der Papst

als Kuckuck (WA TR 4,571 f.) (Mai 1540)
als Löwe und Drache (WA TR 5,460)
als Chimäre (WA TR 1,54) (November/Dezember 1531)
als Bärwolf (WA TR 4,387) (Mai 1539)
des Papstes dreifächtige Krone (WA TR 1,473 f.)
der auf einer Sau reitende Papst (WA TR 6,19)

Zwei der zahlreichen »bösen Bilder«, die teilweise in Absprache mit Luther in der Werkstatt von Lukas Cranach entstanden, haben wir zur Veranschaulichung in diese Edition aufgenommen. In der Holzschnittfolge »Passional Christi und Antichristi«, die als reformatorische Flugschrift auf 26 Blättern erschien, wird der hier nachgedruckte Holzschnitt »Der Papst läßt sich den Fuß küssen« der Fußwaschung Jesu kontrastiert. – Die »dreifächtige Krone« trägt nicht nur die babylonische Hure, man findet sie auch auf zwei weiteren der 21 Holzschnitte, mit denen Lukas Cranach Luthers im September 1522 erschienene Übersetzung des Neuen Testaments illustrierte. Diese sogenannte Septemberbibel wurde trotz des hohen Preises so gut verkauft, daß sie bereits drei Monate später nachgedruckt wurde. Die Druckfehler blieben, geändert wurde lediglich die Anspielung auf die päpstliche Tiara. Zu den Papstspottbildern und -texten vgl. WA 54,349 ff. und die Bilder im Anhang dieses Bandes.

Luthers Theorie und Urteile über die Fabel

Die *Vorrede* (WA 50,452-455) zu seiner Äsop-Bearbeitung, die Luther ebenfalls 1530 auf der Coburg schrieb, besteht – etwas schematisiert – aus fünf Sequenzen.

(1.) Luther skizziert die hervorragende Bedeutung der äsopischen Fabel als Lebenslehre im weltlichen Reich.

(2.) In seinen Spekulationen über den legendären Ahnherrn der Gattung bestreitet Luther die reale Existenz des phrygischen Sklaven, versteht ihn vielmehr als eine Erfindung, um die Wirkung der Fabeln auf die Jugend durch die Gestalt des Narren als Erzähler zu verstärken.

(3.) Unvermittelt geht Luther von der Jugend zu den Fürsten und Herren als Adressaten über. Hier wird die andere Spitze der Narrenkappe deutlich. Hier geht es nicht mehr um Kunst und Weisheit, um Maske und vermummte Gestalt, sondern um die Bedeutung der Wahrheit im politischen Leben und um die Gefahr für denjenigen, der sie zu sagen wagt. Hier ist auch Äsop nicht mehr der »Fastnachtsputz«, der Narr, sondern der reale oder fiktive Dichter, der wegen und trotz seiner Fabeln vom Felsen gestürzt wurde. Die Wirkung der Fabel ist hier eine ganz andere. Sie treibt dem Hörer den Schweiß auf die Stirn; denn die Wahrheit »ist das unleidlichste ding auff Erden«.

(4.) Luther bricht den Gedankengang ab und kehrt ebenso unvermittelt, wie er die Fürstenpassage begonnen hatte, wieder zu seinem eigentlichen Anliegen zurück: Steinhöwels Äsop soll um der Jugend willen gesäubert werden, um kein Ärgernis zu geben. Er wird, wie ich bereits in der Einleitung erwähnte, ungerechtfertigt heftig, zwar nicht persönlich wie gegen den »Grickel« Agricola, aber mit derselben Intention. Dabei verliert die Fabel die Funktion, die Luther ihr in der Fürstenpassage zugeschrieben hatte. Hier treibt sie keinen Schweiß auf die Stirn, sondern ist lustig und lieblich, ist erbaulich, züchtig und nützlich. Hier beginnt die Pädagogisierung der Fabel.

(5.) Am Ende der Vorrede bringt Luther zwei Beispiele für die von ihm gewünschte Rezeption und zeigt damit, daß er nicht nur an die Schule denkt. Der Hausvater soll bei Tisch mit Weib und Kind, Knecht und Magd Fabeln erzählen und besprechen.

Für seine Ansicht, daß Äsop eine nur fiktive Gestalt ist, beruft sich Luther auf *Quintilian,* der in der *Institutio oratoriae* (V. 11,19) schreibt: »illae quoque fabellae, quae, etiam si orginem non ab Aesopo acceperunt (nam videtur earum primus auctor Hesiodus), nomine tamen Aesopi maxime celebrantur ducere animos solent praecipue rusticorum et imperitorum qui et simplicius quae ficta sunt audiunt, et capti voluptate facile iis, quibus delectantur, consentiunt: si quidem et Menenius Agrippa plebem cum patribus in gratiam traditur reduxisse nota illa de membris humanis adversus ventrem discordantibus fabula.«

(Auch die Fabeln, die, wenn sie auch nicht ihren Ursprung bei Aesop haben – denn offenbar ist Hesiod der erste Gewährsmann für sie –, doch durch den Namen des Aesop vor allem berühmt sind, pflegen auf die Herzen vor allem von Bauern und Ungebildeten zu wirken, die solche Erfindungen in harmloserer Art anhören und voll Vergnügen leicht auch mit denen, denen sie den Genuß verdanken, einverstanden sind: wie ja auch nach unserer Überlieferung Menenius Agrippa die Plebejer mit den Patriziern dadurch wieder ausgesöhnt hat, daß er ihnen die bekannte Fabel von den menschlichen Gliedmaßen erzählte, die sich gegen den Bauch empörten.)

Ergänzend zu den Illustrationen einzelner Fabeln haben wir sechs Holzschnitte des Ulmer Äsop zur Vita in diese Edition aufgenommen: (1) Ein Priester bittet die Göttin Isis, die Äsop mit Weisheit und der Fähigkeit, Fabeln zu erfinden, begabt. (2) Die Speise, die er der »Gutwilligsten« bringen soll, gibt Äsop dem Hund und nicht der Frau des Xanthos. (3) Auf die Frage seines Herrn, warum die Menschen ihren Stuhlgang beschauen, erzählt Äsop, daß einmal ein weiser Mann mit dem Stuhlgang seinen Verstand verloren habe. Aber Xanthos könne unbesorgt sein; »denn was man nicht hat, das kann man nicht verlieren«. (4) Äsop deutet das Wunderzeichen von Adler und Ring. (5) Äsop wird verhaftet und (6) vom Felsen gestürzt.

Von Äsop (WA TR 4,126). – Obwohl Luther die auf der Coburg begonnene Fabelbearbeitung, die ihm im Interesse der Jugend so wichtig war, nie mehr fortsetzte, hat er die Gattung zeitlebens geschätzt. So liest er beispielsweise am 6.11.1538 bei Tisch aus der Vorrede und preist den ESOPUS wie damals.

Esopus (WA 51,242f.) – Dieser Textstelle vorausgegangen ist in Luthers Auslegung des 101. Psalms der eindringliche Hinweis auf die Unterscheidung der beiden Reiche. »Ich mus jmer solch unterscheid dieser zweier Reich ein blewen und ein kewen, ein treiben und ein keilen, obs wol so offt, das verdrieslich ist, geschrieben und gesagt ist. Denn der leidige teuffel höret auch nicht auff diese zwey Reich jnn einander zu kochen und zu brewen. Die weltlichen herrn wollen jns teufels namen jmer Christum leren und meistern, wie er seine kirche und geistlich Regiment sol füren. So wollen die falschen Pfaffen und Rottengeister nicht jnn Gottes namen jmer leren und meistern, wie man solle das weltliche Regiment ordenen, Und ist also der Teuffel zu beiden seiten fast seer unmüssig und hat viel zu thun. Gott wolt jm weren, Amen, so wirs werd sind.« (WA 51,239)

Äsops Fabeln (WA TR 6,16)

Aesopi commendatio und Vom Nutzen der Fabel (WA TR 3,353-355). – Obwohl Luther seine Coburger Arbeit am Äsop nach wenigen Wochen abbrach und später nicht mehr fortsetzte, entwickelt er sechs Jahre danach in dieser Tischrede einen Plan und setzt Prioritäten. Welche Fabeln er zu den »concinniores«, den mehr kunstvollen oder witzigen Fabeln zählt, die ins zweite Buch gehören, und was als »reliquae«, als Rest für das dritte Buch bleibt, erfahren wir nicht. Luther erwähnt sie nur. Sein Interesse gilt dem ersten Buch, das die »graves«, die gewichtigen Fabeln enthält, die gedanken- und erfahrungsreichen und für die Gemeinschaft nützlichen. Daß Luther hier an einen bestimmten Übersetzer oder Bearbeiter denkt, ist sehr unwahrscheinlich, an sich selbst sicher nicht. Von der Coburger Konzeption unterscheidet sich der neue Plan vor allem deshalb, weil der Versuch einer Pädagogisierung der Fabel überwunden ist.

Was er unter einer *fabula gravis* versteht, erläutert Luther in dieser Tischrede an fünf Beispielen. Interessanter als die ersten drei Fabeln, die wir auch in seiner Äsop-Bearbeitung finden, und der letzten mit der Lehre, daß man nicht mehr zum Kauf anbieten soll, als man hat, ist das vierte Beispiel für eine fabula gravis. Sie folgt nicht zufällig auf die Fabel vom Löwenanteil, die in Luthers Äsop-Bearbeitung in der zweiten Fassung ebenfalls die Lehre enthält, daß man aus dem Schaden anderer klug werden soll. Daß Luther damals diese Lehre im Manuskript wieder gestrichen hat, besagt nicht, daß Luther etwas gegen den asinus in fabula hat. Diese bei Tisch erzählte Fabel zeigt Luthers Meisterschaft im Fabulieren und zugleich sein Interesse an dem listigen Fabelfuchs.

(WA 51,645-662). – In der bereits erwähnten Lutherbiografie in Predigten berichtet Johannes Mathesius in der zwölften Predigt seiner Gemeinde über Luthers Interesse an Sprichwörtern u.ä., das er vor allem als Tischgenosse des Reformators kennenlernte. Wie in der Vorrede zu seiner Fabelsammlung empört sich Luther auch hier wieder über alles, was ihm unzüchtig erscheint und nur dem Gelächter dient (vgl. WA 51,639 = S. 121 dieser Ausgabe). Mathesius überliefert (S. 288):

> »Ach wie offt hab ich jhn wider der Chorherrn vnzucht / mit grossem ernst hören reden / auch wider jre zucht / die vnfletigen Chorschuler / die vil schöner sprüche sehr Gottloß vnd garstig deuteten vnd außlegten. Der leydige Teuffel hat sein vnflat an viel schöner text geschmirt / damit sich die Clerisey pfleget zu kützeln vnnd kurtzweyl damit zutreiben. Auffn Sebastian Francken / den er auch in seinen schrifften ein Lateinische kunsthummel nennet / war er sehr zornig / das er dem Ehestand und Weyblichen geschlecht zu vnehren / vil schendtlicher sprichwörter hat drucken lassen. Wer von Frawen / Jungfrawen / Obrigkeyt vnd Priesterschafft vbel und garstig redet / der ist nicht ehren werd / sagt er.«

Schärfer noch als die Sammlung von *Sebastian Franck*, die 1541 erschien und weit verbreitet war, verurteilt Luther die 1529 und in erweiterter Auflage 1532 erschienene deutsche Sprichwörtersammlung des »großmäuligen Grickel« *Johann Agricola*.

> »Es ist ein fein Ding umb proverbia germanica undt sind starckhe beweissung; unndt were fein, so sie einer zusammen gelessen hette. M. Grickel hat nur possen unndt fluch zusammen gelessen, domit er ein gelechter macht; man mus die besten nemen, die ein ansehen haben. Der Teuffel ist den Sprichwortten feindt.« (zit.n. Thiele 1900, S. XVII)

Der Teufel spielt in Luthers Sprichwörtern eine nicht geringe

Rolle, wie die folgenden drei Beispiele (WA 51,637) zeigen:

»Wers kan, dem kompt es, saget der Teufel, der krigte am osterabende ein par hosen zu flicken.« – »Zeugk macht meister, sagte der Teufell, schindet ein kue mit eynem nebriger (=Bohrer)!« – »Es ist das vihe im stalle wie der wirth, sagt der Teufel und jagte seiner mutter eine flige in arsch.« (WA 51,637)

In seine »gereinigte« Sammlung hat Luther diese Sprichwörter nur in Kurzform und ohne den Teufel aufgenommen (vgl. Nr. 74, 78, 76), mit dem »Teufelsdreck« zugleich auch den Teufel selbst gestrichen.

Vielleicht ergibt sich das aus Luthers Bemühen, ebenso wie die Fabeln auch die deutschen Sprichwörter zu reinigen. »Der Teuffel ist auch den spruchwortern feindt. Drumb hat er seine geister (seinen geiffer?) dran geschmirt, wie an vil spruch der schriefft, damit ers mit seim spott verdechtig machte und die leu davon furet. Wir mussen aber den Teuffels dreck darvon thun und die spruchwörtter erretten.« (WA 51,638)

Johannes Mathesius beendet seine Ausführungen mit dem Wunsch nach einem Sammler (S. 296 f.), weiß also offensichtlich nicht, daß Luther seine Sprichwörter bereits selbst gesammelt hatte.

»Wir wöllen dißmals beschliessen / Gott wird ein mal einen erwecken / der diß theuren Mannes sprüch / gleichnus / sprichwörter / reim / historien / vnd andere zufell vnd guten bericht zusamen lese / wie es für die Deutschen ein sehr schön buch were / wenn zumal vnser Keyser / Könige / Fürsten vnd Herrn / weyse vnnd vernünfftige sprüche darzu kemen.«

Luthers Sprichwörtersammlung entstand, wie Ernst Thiele (1900, S. XVIII) vermutet, unmittelbar nach dem Esopus, ebenfalls bereits 1530. Nicht nur seine Äsop-Bearbeitung, sondern seine Schriften überhaupt sind reich an Sprichworten. Aber in dem Bemühen um einen »gereinigten« Äsop gewinnt Luthers Interesse am Sprichwort eine Bedeutung, die ihn bisweilen seine ursprüngliche Intention vergessen läßt.

Die von Luther an die äsopischen Fabeln gefügten Sprichwörter findet man, wie ich durch einige Anmerkungen deutlich zu machen suchte, vielfach auch in Luthers Sprichwörtersammlung, die ihm vielleicht nur Mittel zum Zweck war und nicht zur eigenständigen Veröffentlichung bestimmt (was Ernst Thiele anfangs vermutet und später wieder in Frage stellt; vgl. Thiele 1900, S. XVIII und WA 51,638).

Ernst Thiele veröffentlichte erstmalig nicht nur die *Fabelhandschrift* aus der Vaticana, sondern 1900 auch Luthers *Sprichwörtersammlung* aus der Bibliotheca Bodleiana zu Oxford, zehn Jahre nachdem sie von Julius Köstlin wiederentdeckt worden war, und ergänzte einen Anmerkungsteil von mehr als vierhundert Seiten. Sein Werk ist auch heute noch grundlegend für die Arbeit auf diesem Gebiet. Erklärungen zu Luthers Sprichwörtersammlung und Hinweise auf die Schriften, in denen Luther das jeweilige Sprichwort verwendet, findet man auch WA 51,665-726.

Ergänzungen

S. 215 Z. 5 v. u.:
Die Abbildung WA 45 Anhang trägt die Unterschrift:
Was Gott selbst vom Bapstum hellt
Zeigt dis schrecklich bild hie gestellt:
Dafür jederman grawen sollt:
Wenn ers zu hertzen nemen wollt.
Mart: Luth: D

S. 217 Z. 8:
Luthers Brief an die Wittenberger Tischgesellen ist in seiner Echtheit umstritten (vgl. WA Br 5,292 und WA Br 13,127f.).

S. 226 Z. 4:
Zu Christus als Ichneumon gibt es die wichtige Parallele vom geköderten Leviathan bei Luther (vgl. Theobald Beer, Der fröhliche Wechsel und Streit, Bd. 1, Leipzig 1974, S. 213 bis 221).

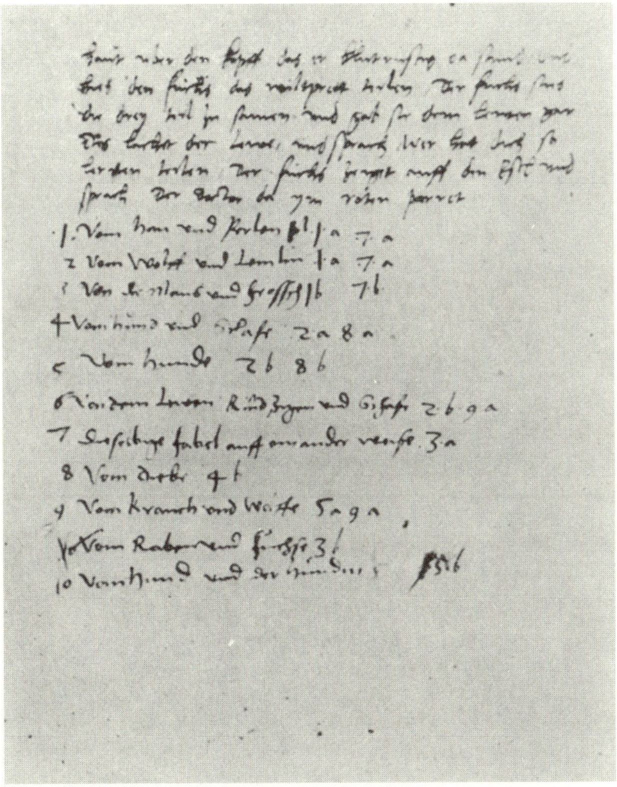

1. Vom Han und Perlen
2 Vom Wolff und Lemlin
3 Von der Maus und Frosch
4 Vom Hund und Schaf
5 Vom Hunde
6 Von dem Lewen Rind Ziegen und Schaf
7 Dieselbige fabel auff ein ander weise
8 Vom Diebe
9 Vom Kranch und Wolffe
10 Vom Raben und Fuchs
10 Vom Hund und der hündin

»Etliche Fabeln aus Esopo«

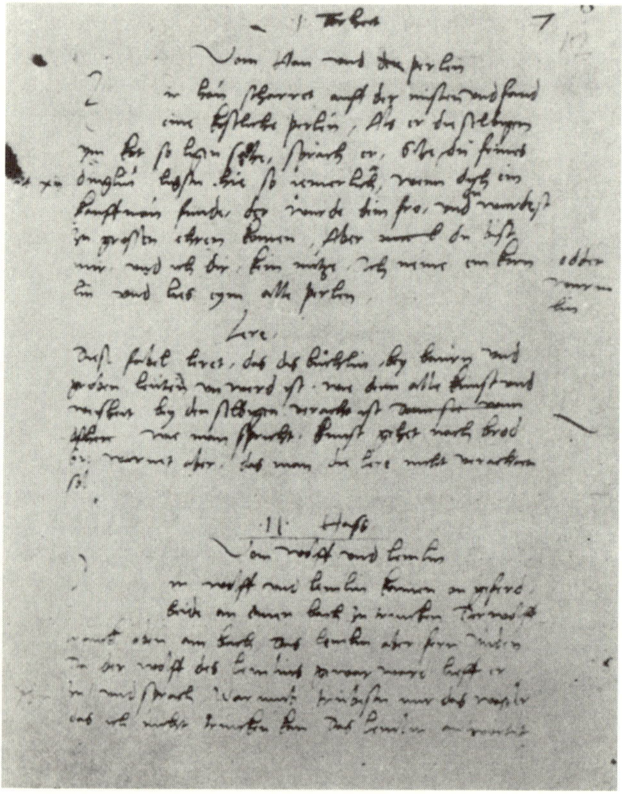

»Vom Han und Perlin« (vgl. S. 25)
»Vom Wolff und lemlin« (vgl. S. 29)

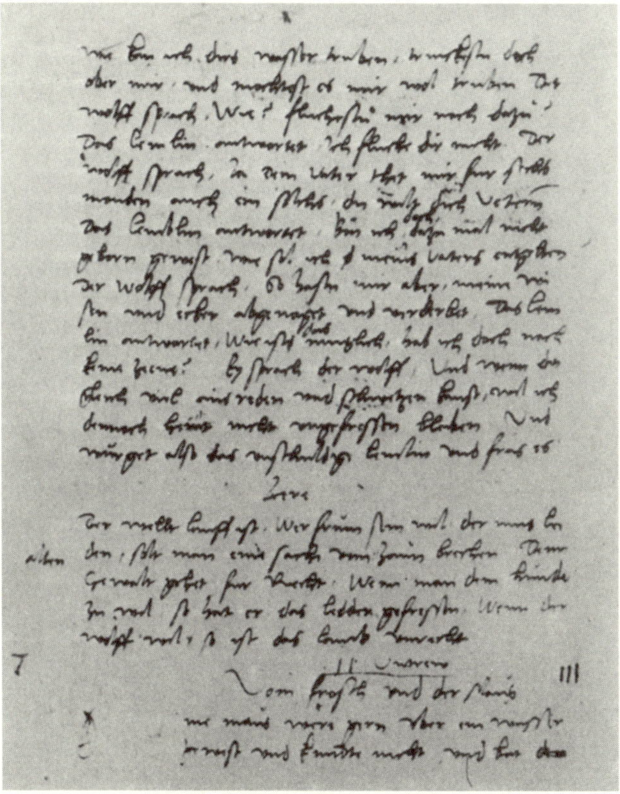

»Vom frosch und der Maus« (vgl. S. 33)

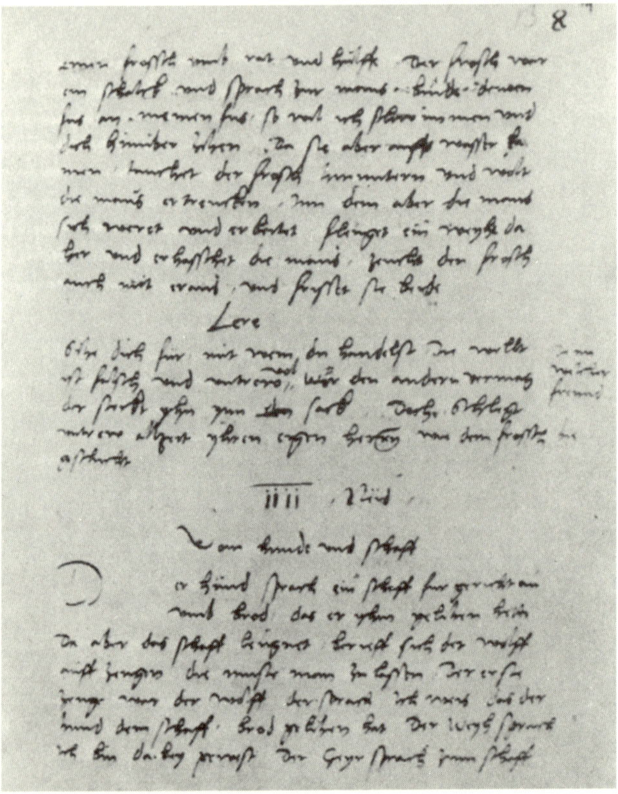

»Vom Hunde und Schaf« (vgl. S. 35)

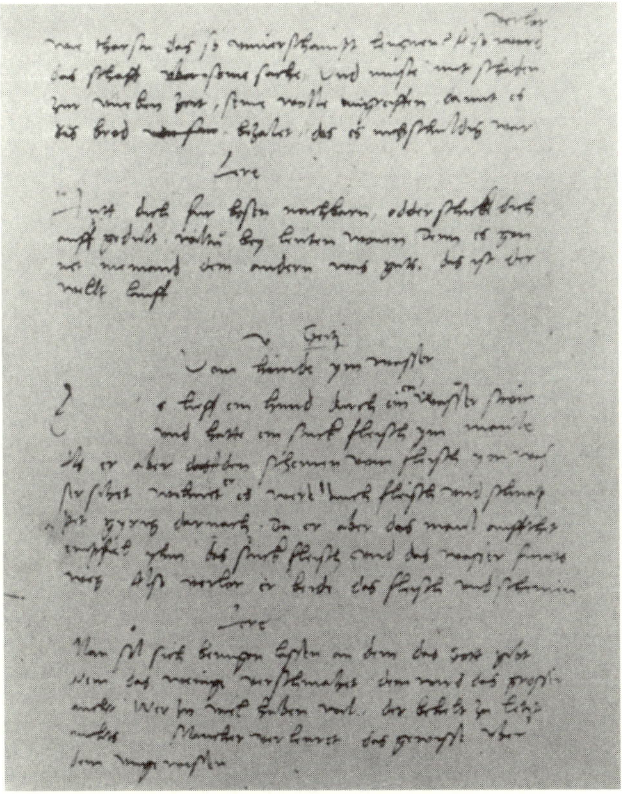

»Vom Hunde im Wasser« (vgl. S. 37)

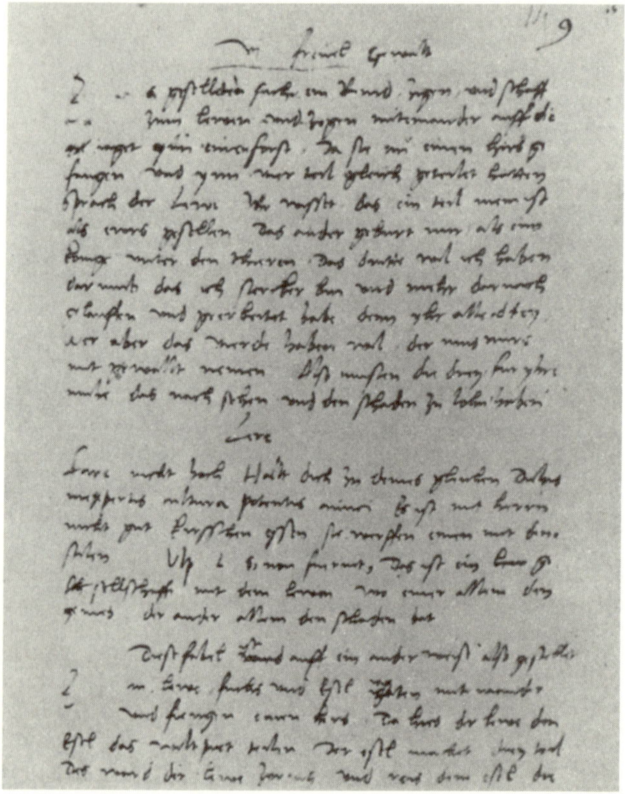

»Frevel. Gewalt« (vgl. S. 39)

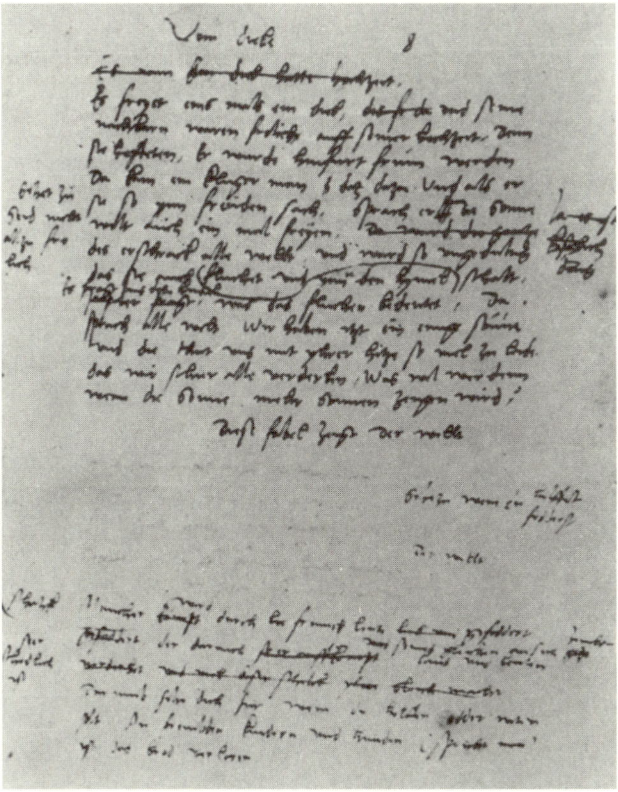

»Vom Diebe« (vgl. S. 44)

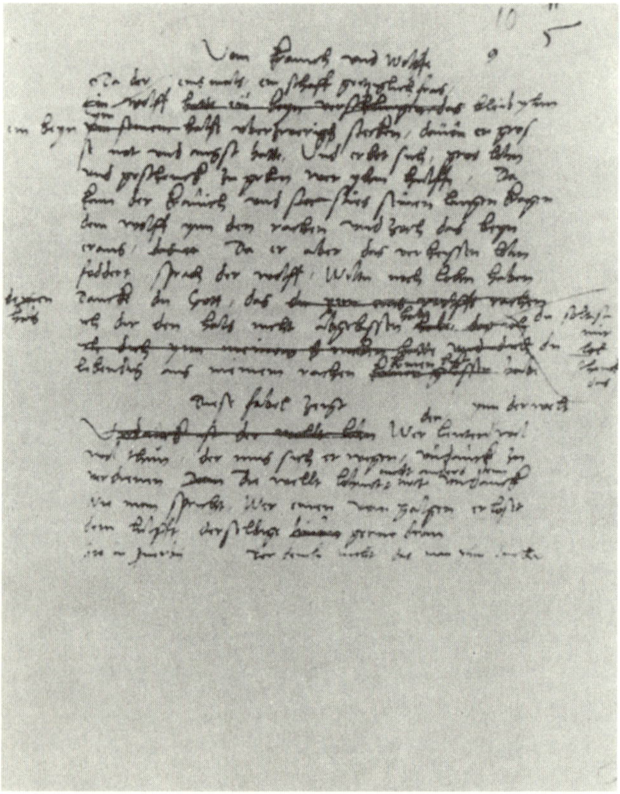

»Vom Kranich und Wolffe« (vgl. S. 47)

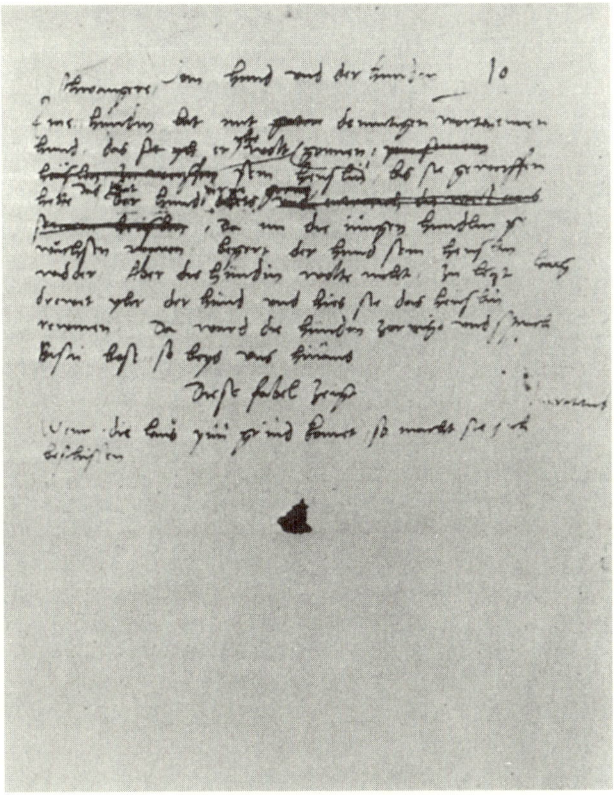

»Vom Hund und der hundin« (vgl. S. 48)

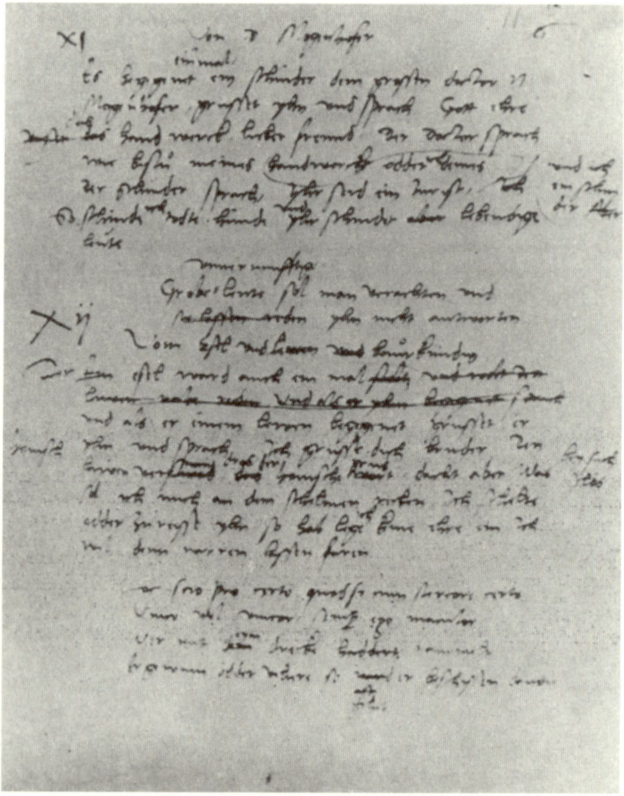

»*Vom Esel und lewen*« *(vgl. S. 49)*

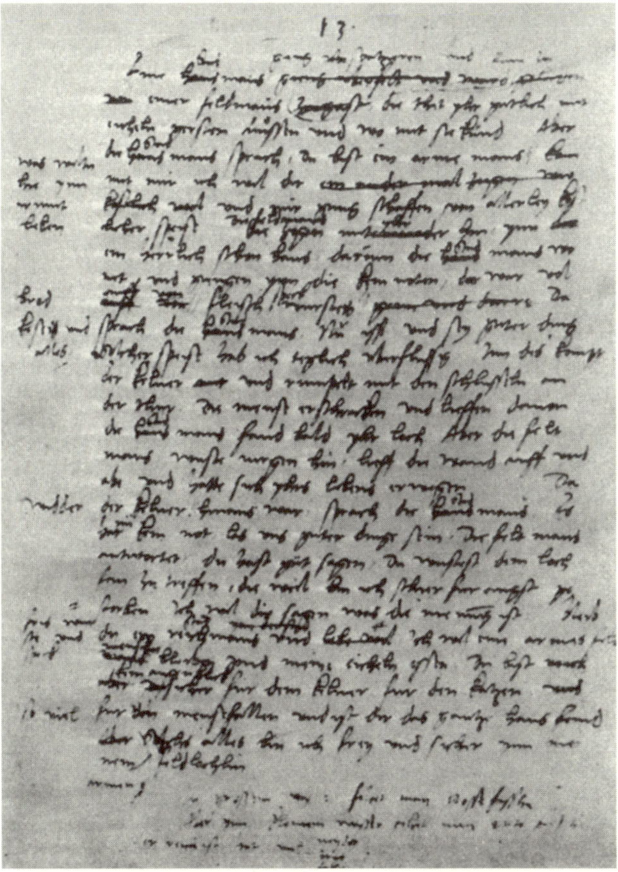

»Eine Stadmaus gieng spatzieren ...« (vgl. S. 51)

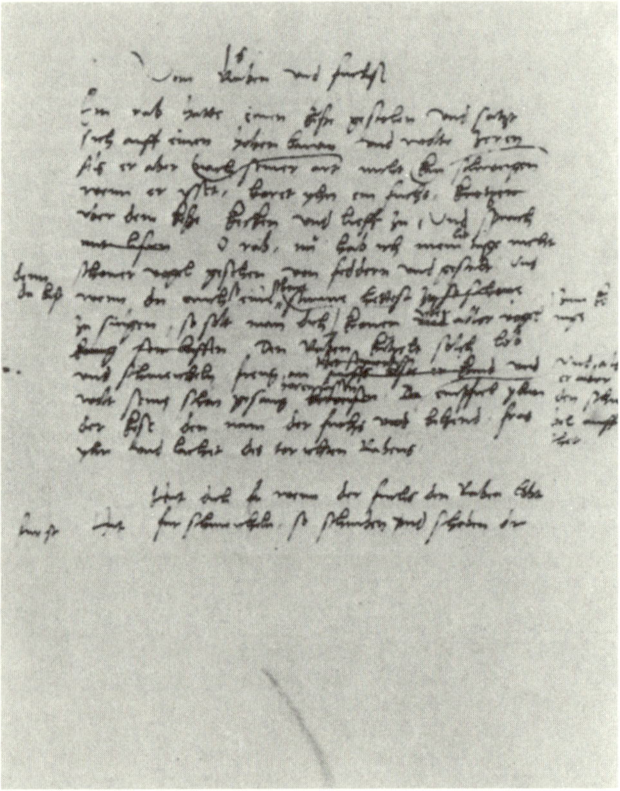

»Vom Raben und fuchse« (vgl. S. 53)

Literaturhinweise

Wolf *v. Both*, Luther und die Fabel, Diss. phil. Breslau 1927

Die Fabeln des Erasmus Alberus, hg. v. Wilhelm *Braune*, Halle a.S. 892

Martin *Brecht*, Luther als Schriftsteller, Stuttgart 1990

Texte zur Theorie von Fabeln, Parabeln und Gleichnissen, hg.v. Reinhard *Dithmar*, München 1982

Fabeln, Parabeln und Gleichnisse, hg.v. Reinhard *Dithmar*, 8. Aufl., München 1988

Klaus *Doderer*, Über das »betriegen zur Wahrheit«. Die Fabelbearbeitungen Martin Luthers. In: Wirkendes Wort 1964, S. 379-388

Klaus *Düwel*, und Jörg *Ohlemacher*, »das ist der wellt lauf.« Zugänge zu Luthers Fabelbearbeitung. In: Martin Luther, hg. v. Heinz Ludwig Arnold, München 1983, S. 121-143

Adalbert *Elschenbroich*, Die Fabelpredigt des Johannes Mathesius. Zum Problem der Analogie und Allegorie in der Geschichte der Fabel. In: Formen und Funktionen der Allegorie. Symposion Wolfenbüttel 1978, hg. v. Walter Haug, Stuttgart 1979, S. 452-477

Dichtungen von Martin Luther, hg. v. Karl *Goedeke*, Leipzig 1883 (Deutsche Dichter des 16. Jahrhunderts, hg. v. K. Goedeke und J. Tittmann Bd. 18)

Luthers Sprichwörter aus seinen Schriften gesammelt und in Druck gegeben von J. A. *Heuseler*, Leipzig 1824. Unveränderter Nachdruck Walluf bei Wiesbaden 1973

Wolfgang *Kayser*, Die Grundlagen der deutschen Fabeldichtung des 16. und 18. Jahrhunderts. In: Archiv für das Studium der neueren Sprachen, Jg. 86, Bd. 160, 1931, S. 19-33

Johannes *Mathesius*, Ausgewählte Werke, 3. Bd.: Luthers Leben in Predigten, hg. v. Georg Loesche, Prag 1898

Richard *Neubauer*, Martin Luther, 2 Teile, 2. Teil, Halle/Saale 1891 (Denkmäler der Älteren deutschen Litteratur, hg. v. G. Bötticher und K. Kinzel III.2.2)

Steinhöwels Äsop, hg. v. Hermann *Österley*, Tübingen 1873

Ernst Heinrich *Rehermann* und Ines *Köhler-Zülch*, Aspekte der Gesellschafts- und Kirchenkritik in den Fabeln von Martin Luther, Nathanael Chytraeus und Burkard Waldis. In: Die Fabel, hg.v. Peter Hasubek, Berlin 1982, S. 27-42

Lutz *Röhrich*, Lexikon der sprichwörtlichen Redensarten, 2 Bde, Freiburg 1973 – 5. Aufl., Freiburg 1988 (Unveränderte Taschenbuchausgabe)

Arno *Schirokauer*, Luthers Arbeit am Äsop. In: Modern Language Notes, Volume LXII, Februar 1947, Nr. 2, S. 73-84

Arno *Schirokauer*, Die Stellung Äsops in der Literatur des Mittelalters. In: Festschrift für Wolfgang Stammler, Berlin 1953, S. 179-191

Fabeln der Antike. Griechisch und lateinisch, hg. und übersetzt von Harry C. *Schnur*, München 1978

Joh. Balth. *Schupp*, Schrifften, 1663

Klaus *Speckenbach*, Die Fabel von der Fabel. Zur Überlieferungsgeschichte der Fabel von Hahn und Perle. In: Frühmittelalterliche Studien, hg. v. Karl Hauck, 12. Band, Berlin-New York 1978, S. 178-229

Martin Luthers Fabeln. Nach seiner Handschrift und den Drucken mit einem vergleichenden Teil von Boner bis Krylow. Neu hg. v. Willi *Steinberg*, Halle (Saale) 1961

Dolf *Sternberger*, Figuren der Fabel, Berlin und Frankfurt 1950

Luthers Sprichwörtersammlung. Nach seiner Handschrift zum ersten Male herausgegeben und mit Anmerkungen versehen von Ernst *Thiele*, Prediger in Magdeburg, Weimar 1900

Luthers Fabeln nach seiner Handschrift und den Drucken neubearbeitet von Ernst *Thiele* (1888), 2. Aufl., Halle (Saale) 1911

Deutsches Sprichwörter-Lexikon. Ein Hausschatz für das deutsche Volk, hg. v. Karl Friedrich Wilhelm *Wander*, 5 Bde. Leipzig 1876ff. Nachdruck 1963

Herbert *Wolf*, Martin Luther. Eine Einführung in germanistische Luther-Studien, Stuttgart 1980 (Sammlung Metzler 193), S.144-148

Für freundliche Hinweise danke ich
Herrn Prof. D. Dr. Martin Brecht D. D. (Münster).